刘文颖

庄子站在人生边上

刘冬颖 著

中国出版集团公司
华文出版社

图书在版编目（CIP）数据

庄子：站在人生边上 / 刘冬颖著 . -- 北京：华文出版社，2021.8
ISBN 978-7-5075-5482-3

Ⅰ．①庄… Ⅱ．①刘… Ⅲ．①道家②《庄子》- 通俗读物 Ⅳ．① B223.5-49

中国版本图书馆 CIP 数据核字 (2021) 第 136688 号

庄子：站在人生边上

作　　者：	刘冬颖
责任编辑：	方昊飞　吴小雯
出版发行：	华文出版社
地　　址：	北京市西城区广外大街 305 号 8 区 2 号楼
邮政编码：	100055
网　　址：	http://www.hwcbs.com.cn
电　　话：	编辑部 010-63430751　发行部 010-58336202
	总编室 010-58336239
经　　销：	新华书店
印　　刷：	三河市航远印刷有限公司
开　　本：	880mm×1230mm　1/32
印　　张：	6.75
字　　数：	136 千字
版　　次：	2021 年 8 月第 1 版
印　　次：	2021 年 8 月第 1 次印刷
标准书号：	ISBN 978-7-5075-5482-3
定　　价：	48.00 元

版权所有，侵权必究

前言

我一直自诩为儒家,把"天行健,君子以自强不息"当作座右铭,不断地读书上进,努力,再努力。庄子,是我心中不敢触碰的另一个精神世界。

对庄子最初的倾心是我还在读硕士研究生的时候。我的研究方向是先秦文学,先秦的所有经典都要字字句句细读。那时每天伴着朝阳,我梳洗得清清爽爽,夹着厚厚的书走向图书馆,就像走在朝圣的道路上,心中充满了庄严感。图书馆里的君子兰陪我度过了无数个朝圣的日子。还记得当时的感觉是,读《论语》,就像春日里攀上台阶去拜会庄严的天坛;读《道德经》,则像走进了兴安岭的原始森林,里面铺着厚厚的落叶,静穆无声;而读《庄子》,则像陷入了一场爱情,那华美的辞章令我一见钟情,那深邃超拔的思想令我迷恋,那看破生死的潇洒又令我钦佩不已。我每读一段,就抄写下来,再写下自己的感受,有时想不通,就盯着君子兰默默地

思索，看着阳光中细微的灰尘飞舞，体会着白驹过隙的沧桑。庄子没有孔夫子那种谦谦君子风度，也没有老子那种虚涵的长者胸怀，他的魅力来自漫话人生、得意自在、不为物质所缚、不为诱惑所迷。细读《庄子》的那一段时间，我常常若有所思，甚至图书馆中君子兰由开到落的每一个细节我都了如指掌。我的一位师兄看见我这茫然的表情，曾问另一个同学："冬颖是不是失恋了？"不能明白庄子的心，我的确就像是失恋了，而且不能自拔，难以疗愈。

年轻的我不想接受"失恋"的失败，想把握更踏实的东西。于是我拿起了《论语》、拿起了《孟子》、拿起了《诗经》，儒家的坚强、积极、信心等对人世的热爱，给我的求学和工作之路点起了一盏盏充满希望的、温暖的灯，生活紧凑又忙碌，我几乎把《庄子》忘得干干净净了。直到硕士毕业十年后，为了给学生开设"先秦诸子与中国文学"课程，我再一次拿起了《庄子》，那些年轻的岁月，随着这本书，又展开在我的案头。

儒与道，是中国人的两件心灵外衣，当你奋斗进取时，穿的就是儒家外衣；当你休憩、自省时，穿的就是道家外衣。中国古代文化犹如一艘双桅船，行进在历史长河中。这"双桅"，便是儒家的伦理道德和道家的率性自然。每一个学习古代文化的人，都会不自觉地同时受到这两种哲思的熏染，因为，儒、道的思想早已艺术化地融合在了中国古代许许多多的作品中。中华儿女共同景仰的孔老师就曾对老子大加推崇，赞美老子是神龙见首不见尾；而《庄子》一书中也常常见到孔子的形象，庄子笔下的孔子尽管是虚拟的，但毕竟看到了庄子心中儒家思想的分量。庄子的很多思想就是为反对儒家而阐发的，其实，反对与驳难正是一种最大的重视和认可。秦汉以后，儒、道更是中国文人双重性格的精神源泉。我们在学习、研究中国古代的作品时，难免不受到两家思想的共同浸濡。所以，我想拒绝庄子而不能啊！

既然是生命中不可回避的存在，那何不正视呢？用一颗成熟又充满活力的心去面对庄子，从青春的青涩畏惧和茫然"失恋"中彻底解脱出来，用庄子巧解人生的智慧重新装扮自己的心灵，以宁静敦厚又美丽的心情来面对今后的多变人生岂不妙哉！基于这种认识，我在青年时代对《庄子》一书的体会和后来备课笔记的基础上，写成了《庄子：站在人生边上》这本书。为方便每一个普通的中国人贴近庄子，我萃取了《庄子》原典的精华，抛却晦涩沉重的古文，而用现代散文的写法来彰显其精神。在行文中通过解读一个个精彩的寓言故事，展示庄子思想的独特魅力，发掘庄子对当代人生活的价值、意义。书中以漫游谈心的笔调、讲故事的形式，与读者一起走近庄子，亲近他的浪漫诗情、旷达幽默、妙解生死，让庄子走向更广阔的大众。

在物质欲望极度膨胀、科技文化高度发达的现代社会，许多人陷入繁重的生活而不自知。就像海德格尔所形容的那样，现代人是"脚下没有大地，头顶没有天空，心中没有灵魂"。生活在其中的人和井底之蛙又有什么区别呢？所以，

寻找精神家园、追求自在本真就成了现代人心里的呼声。此时，庄子的返璞归真、自然洒脱为人类的心灵和谐吹来了一缕清新的风，受到了越来越多的关注。可是，现在有很多人读《庄子》，只是想把它当作心灵鸡汤来滋补精神。其实，除此之外，庄子的许多人生智慧都能帮助我们更好地解决现实人生问题。那么，我们该怎样读《庄子》才能有所得呢？

首先，用对话的姿态走近庄子。

"走近庄子"，并不是说必须穿越时空隧道，回到战国去接近庄子的生活，而是要打破两千多年的时间阻隔，直接与庄子进行心灵的沟通。其实，几千年来，尽管物质和技术不断丰富、进步，但人类生活的主题并没有发生重大变化。庄子与我们一样，也是面对生活、面对生存、面对发展来提出自己的理想主张的。所以，我们没有必要把他神化，匍匐在他的脚下唯唯诺诺，而应与庄子进行一种朋友式的平易亲切的交流与对话，从他身上学到面对人生的智慧。

金圣叹所选的六部才子书中，《庄子》被定为第一才子书。鲁迅先生曾称赞《庄子》一书："汪洋辟阖，仪态万方。"与"汪洋辟阖"的才子对话，定会明白那是多维度的愉悦。你正在惊异那思想的高超、语言的华美，在那儿陶醉的时候，再定神一看，那语言和思想的背后还有庄子对感情的体悟，而且常常一语中的。这样与庄子一次次精神对话后，会使你心里酣畅、愉悦，甚至乐不可支，表情却是淡淡的，波澜不惊，是通透后的宁静！

其次，用亦庄亦谐的心态读《庄子》。

《论语》《孟子》的话语方式是实在的、沉甸甸的感觉,那些人生道理是要端肃地去领会的。读孔孟之书,如同和一个深沉、儒雅又宽厚的长者对话,会让你受益匪浅。《庄子》一书则常常寄深邃于悠闲,看起来很是嬉皮,但本质上却是深沉的。他讲的一个个寓言故事,比如朝三暮四,比如东施效颦,再比如井底之蛙,都给我们带来了许多快乐,但是千万别简单地把这快乐当成庄子思想的全部,笑过之后,还要想想我们为什么笑。读《庄子》,就像遇到了一个忘年交,他困窘时也能讲笑话,受贬时也会反唇相讥,哲思深沉却寄之于寓言。他看见草丛中的骷髅头拿过来就枕,梦里还跟骷髅头对话,充满了莎士比亚式的智慧与谐趣,这也许就是真实的庄子吧?

庄子这个人是亦庄亦谐的,所以,读《庄子》也应该有一个亦庄亦谐的心态。千万不要板着儒家传人的面孔去读《庄子》,也不要隔着经典崇拜的面纱去崇拜庄子,更不必较真,从《庄子》的每句话都分析出微言大义来。心有所悟就读下去,累了就放下,有趣了就笑,打动你了就沉思。这样才能走入《庄子》的丰富宇宙。

再次,用亲人的眼光看庄子。

真正深邃的思想从来不是艰深孤高的,而是面对生活、透视人生产生的思考。尤其是庄子,他的哲学主题就是对生命和生活方式的解释。解读庄子,不要把他当作一个高不可攀的哲学家,而要把他当作身边的亲人。想象一下,一个清贫但快乐、淡视功名却看重生命的智者,他是你身边的亲人,你便更能体会出他思想的可贵,也更能感受到思想的可亲。庄子的胸襟是博大的,如天地未开之前的混沌宇宙,自然地包容着世间万物;庄子又是细腻的,他对生命的高度敏感和对世界的冷眼旁观,使得他笔下奇思妙想不断,总是洋溢着对人本身的关注与热爱。读的时候,要用我们的心去贴近庄子的心,尽管我们没有庄子那样的深沉思想,但是,我们生命中的某一部分一定会跟庄子有所共鸣。

假如为庄子设计一个徽章的话,这徽章应该是蝴蝶!尽管庄子书中有无数的经典意象,千古闻名。比如北冥里的那条大鱼,一跃变成了在九万里高空翱翔的大鹏鸟,曾引领无数中国人高飞。但我觉得,《庄子》的标志就是那只蝴蝶,那只庄子在梦中化身的蝴蝶。尽管在《庄子》书中,它仅仅一闪而过。但它悠游自在地款款而飞,自得其乐,正是庄子的精神写照。今天我们读《庄子》,不应该只局限于对其一字一句地烦琐解释,而要领会其精神。这就是从《庄子》这部才子书的"茧"中化蝶!

把《庄子》放在你的枕边吧,因为人在快睡着的时候,身心往往处于最放松、最自在的状态。这个时候读《庄子》再合适不过了。倦了,就合上书,放下日间的种种纷扰,做个好梦,在梦中你也会变成一只逍遥于花间的蝴蝶,像庄子一样,快乐地扇动翅膀,飞翔,飞翔……

刘冬颖

二〇二一年谷雨日

第一章 漆园中的"真人"：庄周的故事
漆园小吏的生活 /003
优游自在的"真人" /005
庄周的身边人 /008
亦庄亦谐写人生 /012

第二章 破茧成蝶：自我超越的向往
井蛙问海：读读相对论，认识你自己 /018
伯乐之罪：顺应自然，保持本色 /037
无为之为：游刃人生，顺水而为 /051

第三章 逍遥游：走出心灵的樊笼
北冥有鱼：跳出三界看人生 /068
鼓盆而歌：解开生死的绳结 /080
得意忘言：妙处不可言说 /092

第四章 **大智若愚：简单幸福的生活**
　　弱水三千：放得下的快乐 　　/ 111
　　多余的第六指：功名利禄也淡然 　　/ 123
　　蜗角之争：走出超重的生活 　　/ 132

第五章 **相忘于江湖：平常心看世事**
　　爱马的人："爱"要顺其自然 　　/ 146
　　佳人忘美：美是一种感觉 　　/ 160
　　庄惠之辩：君子之交淡若水 　　/ 172

第六章 **薪火相传：智者的生存之道**
　　庖丁解牛：养生之道顺乎天 　　/ 186
　　独脚教授：教育的真谛和魅力 　　/ 197

第一章

漆园中的『真人』：庄周的故事

认识一个人,有很多种途径。

认识一位思想家,也有很多种途径。

庄子是个非凡的思想家——他是中国思想史上最富有浪漫诗情、生命体验和批判头脑的诗人哲学家,他妙解生死、漫话人生的旷达与幽默,让一代代的中国人倾心。

但今天,我只想从平凡的角度,从女性的角度,讲一讲庄周的故事。

漆园小吏的生活

大约在公元前369年,一个叫庄周的孩子在宋国蒙城出生了,父亲为他取名为周,可能是向往文质彬彬的西周盛世吧?"周"是个蕴涵丰富而深邃的语词,《易经》就被称为《周易》。春秋战国时,人们起名字都很随意。比如孔子的儿子出生时,国君送来了大鲤鱼祝贺,孔子就给儿子起名为鲤;而郑庄公因"寤生"(难产),竟被起名"寤生",可笑之极。庄子的家庭环境和父母的身份虽然不得而知,但从他文雅的名字"周"、丰厚的文化素养和后来的窘迫生活来看,他可能出生于没落贵族家庭。他的少年时代在历史上也是模糊的,我们从史书上认识的庄周,已经是一个有着独立思想的成年人了。

他曾经做过管理漆园的小官。漆不但用于建筑、家具、器皿,而且甲盾和战车都要漆过才能耐用,所以说漆是重要的物资。漆园是个种植漆树的大园子,作为一个漆园小吏,庄周收

入微薄,仅足糊口。虽然这只是个级别很低、待遇很差的官职,但就连这个差事他大概也没干多久,因此,庄周长期生活在贫困之中。据《庄子·列御寇》书中的描写,他住在穷街陋巷,靠打草鞋维持生活,饿得面黄肌瘦;他身穿打着补丁的衣服,鞋子磨出了洞,用绳子绑在脚上。有人讽刺他是"槁项黄馘",就是形容脖子很细长,像干枯的树枝一样,脸是黄黄的,这估计是营养不良造成的。某年春荒,庄子家无米下锅了,庄周向朋友借粮食,朋友是个管理黄河河段的小官员,人称监河侯。监河侯说:"很好,没有问题,等到年底领地的百姓给我缴了租子以后,我可以借三百金给你。"庄周很生气,因为他家已经断粮了,还能等到年底?但庄周很幽默,他不直接点破,而是讲了一个故事,他说:"我在来的路上听到一阵呼喊声,一看,原来有一条鱼在路边车轮碾成的小水坑中跳着喊救命,我就过去问是怎么回事,鱼说请你弄一盆水来救救我吧。我告诉鱼说没有问题,我到前面去引西江水来救你。鱼说等你把西江水引过来,恐怕要到干鱼店去找我了。你引来的水很多,但我已经等不及了。"《庄子·外物》篇中讲的这个故事很轻松,很好笑,但我们可以体会出他的悲哀。

优游自在的"真人"

庄周所处的战国时代是一个金戈铁马的功利时代,各国为争夺土地和人口连年征战。那时,各国统治者都认识到人才的重要性,于是,就纷纷招揽饱学之士,以达到图强争霸的目的。"得士则得天下"成为当时的名言。张仪和苏秦就是这个时代最典型的两个代表。当时读书人的出路其实很多,比如可以去游说诸侯,例如孟子,尽管学说未被采纳,却衣食不愁,生活得很气派;要不就去投靠豪门做食客,有个穷得活不下去的人叫冯谖,去投靠了战国四公子之一的孟尝君,做了他家的食客,不但自己吃饭有鱼、出门坐车,还可以养活父母。庄周却从未用自己的思想来谋取饭食。贫困的生活并没有使庄周颓废,他身心解脱,活得自在快乐。

一次,楚王听说了庄周的学识,就派两位大夫去聘请他为相。庄子不在家,正在濮水岸边钓鱼。那两位大夫找到庄子钓

鱼处,客气地说:我们受大王的委托来请您,我们是先导,随后大王还要亲自来请,大王愿意把我们的国家托付给您,让您受累了。庄子以他的慧心早就看透了权势威福背后的凄凉和可怜,他岂能放弃自由走向牢笼?此刻,那两位大夫还站在身后等着他的回话呢。清风美日,濮水波光粼粼,投钩处似乎有了游鱼的影子,庄子专心致志地看着他浮漂的动静,根本无暇瞟一眼身后,楚国的相位,"庄子持竿不顾"(《庄子·秋水》)!他说:"我听说楚国有一个神龟,死了三千年,楚王用布巾把龟壳包上,用盒子装起来,摆在庙堂之上,准备用来占卜国家大事。我们站在老乌龟的立场上想一想,是愿意死了以后让人家把骨头供起来呢,还是愿意活着没有人理睬、拖着尾巴在泥里爬来爬去呢?"那两个大夫说:"还是在泥里爬来爬去吧,那到底是活着。"庄周说:"你们走吧,我宁愿做摇着尾巴在泥滩上爬的乌龟,在淤泥中快活嬉戏,哪里愿意做宰相受束缚呐。"庄周就这样拒绝了权势,拒绝了高官厚禄。在知识谄媚、趋从于权势的战国时代有这样一位智者,真是了不起!中国历史上许多文人都是入世出仕尝到了苦头之后才生出归隐之心的,未入仕途就冷眼看穿功名利禄的,庄周是千古第一人!

  名和利是使人失去自由的脚镣和手铐,当庄周看见人们都为名利而忙碌时,他的内心非常痛苦。庄周自己编草鞋换米,我想,他编草鞋的时候,嘴里一定还哼着《诗经》的小调儿,心中无比恬适,出将入相又怎么样?如果精神上恬淡自在,那么,功名利禄,只不过是过眼云烟而已。

庄周之所以是庄周，就在于他的洒脱、放达、愉悦、自适。特别是把他和战国时风云无限的诸子相对比时，那种逍遥自适的生活态度更是鲜明。古代的哲学家都有理想的人格追求，儒家人格境界的最高追求是君子和圣人，庄周的最高人格追求则是"真人"。"真人"反对人为破坏自然本真的状态，而尊崇任性自然。"真人"的心就像一面镜子，对外物是来者即照、去者不留，真实地反映着事物本身而无所隐藏，又因去留自在而不劳心费神。

宋国有个人叫曹商，宋康王派他出使秦国。他去时，从宋康王这里得到几乘马车。到秦国后他博得了秦王欢心，秦王又赏赐他一百乘马车。返回宋国后，曹商喜滋滋地向庄周显摆："住在偏远狭窄的巷子里，窘困地编织草鞋，脸色蜡黄，脖子枯槁如树枝，这是我不如人的地方。一句话把万乘大国的君主说开心了，跟随的马车就变成一百乘，这是我的过人之处。"庄子说："听说秦王有一次生病，能挤破脓疮消除脓肿的，赏车一乘。肯用舌头舔痔疮让他舒服的，赏车五乘。治疗的方式越无耻下贱，赏赐的马车越多。你大概也为秦王舔了痔疮吧？不然怎么赏的车子竟有这么多？"

像这样的故事庄周还有很多，如果从人情世故的角度去看，庄周似乎有点太刻薄了。然而，对那些蝇营狗苟、追名逐利的人来说，这种刻薄又算得了什么？这正是对纯洁正直的社会风尚的向往。从这里可以看出，庄周对那些以无耻换来的荣华富贵是那么深恶痛绝。当曹商的车子和监河侯家的米都已灰飞烟灭之后，庄周当年在薄薄的竹简上写下的字句仍在散发着醉人的馨香。

庄周的身边人

从现有材料看，庄周在世时，身边的人不多，明确可说的，只有所谓一妻一友一弟子。

庄周这样非凡智慧的哲学家会有什么样的妻子呢？这是让人很好奇的。《庄子》中没有过多描述他的妻子，唯一一次提到庄妻时，她已经死了。据《庄子·至乐》篇说，当时庄周叉着双腿坐在棺椁边，拍着瓦盆，唱着歌。这让前来吊唁的惠施非常不满和不解。在庄周看来，生、老、病、死是一个自然的过程，就像四时更替一样。人留恋生命而畏惧死亡，必然带来精神的痛苦。妻子活着时因为庄周的悬想而受尽了劳累之苦，那么她的离世在庄周看来，就是痛苦的解脱了。从庄周为妻子鼓盆而歌来看，他们夫妻的感情还是很深的。这在思想家中很少见。孔子周游列国十四年，妻子死了，也未能送行，儒家的大丈夫儿女情短啊。

我常常想，如果我们现代女子成为庄周的妻子会怎么样？

想一下都怕。战国时，因为铁器的广泛使用，人们的物质生活还是很丰富的。做庄周的妻子，意味着家里可能吃了上顿没下顿，可能孩子没有新衣帽，而自己永远都不能去集市上买首饰和化妆品。那是个知识可以获取巨大经济利益的年代，她没有像苏格拉底的老婆那样，每天对可敬的哲学家破口大骂，河东狮吼；也没像苏秦的老婆那样，在丈夫游说秦王失败、身无分文时，对丈夫不理不睬、百般鄙夷；更没像汉代朱买臣的妻子那样，嫌弃暂时困顿的丈夫，另嫁他人。庄周的妻子应是一生都默默守护着他，哪怕是野菜，也会煮出鲜美的味道给庄周吃吧？一个能欣赏哲学家的女人、一个爱惜哲学家的女人，她的人生，该是更深刻的哲学。

　　惠施是庄周唯一的朋友，这是众所周知的。这个人是一个名家。说起名家，您可能有点陌生，"白马非马论"就是名家的著名人士公孙龙的代表论点。惠施的诡辩之才比公孙龙还胜一筹，他很喜欢辩论。从《庄子》文中看，惠施是庄周的密友。惠施进庙堂，庄周退隐山林，他们的人生观有着极大的冲突。《庄子》书中，共记录了庄周与人的二十二次对话，其中十次是跟惠施对话。事实上，惠施不仅是庄周唯一的朋友，也是庄周确有其人的唯一见证。庄周经常和惠施辩论，他有很多精彩的思想都是通过和惠施的辩论表达出来的。有一场著名的濠梁之辩——濠水上有一座桥，庄周和惠施信步到那里，站在桥上看着清澈的濠水，庄周叹了一口气说："鱼在水里面游来游去真是很快乐。"惠施说："你又不是鱼，你怎么知道鱼快乐呢？"

庄周说:"你又不是我,你怎么知道我不知道鱼快乐不快乐呢?"惠施说:"好,我不是你,我确实不知道你是不是知道鱼快乐,按这道理,你不是鱼,你也不能知道鱼是不是快乐。"庄周说:"这个问题又转回来了,你不是我,你怎么知道我不知道鱼快不快乐呢?"庄周的诡辩之才可见一斑!

惠施也是宋国人,做过魏国的宰相。庄周听说老朋友惠施当了魏国的宰相,就想去拜访他。惠施害怕自己的宰相位置被庄周抢去,于是,就在庄周还没来拜访之前,在城中大肆搜捕他三天三夜。庄周见到惠施后嘲弄地对他说:"猫头鹰抓到一只腐烂的老鼠,喜欢得不得了,看见非梧桐不栖非醴泉不饮的鹓鶵飞过来,就赶紧把死老鼠紧紧捂了起来,抬起头喊'吓'!它怕鹓鶵抢他的死老鼠,难道鹓鶵也稀罕那只臭老鼠吗!你这是想用魏国来吓我吗?"说完,庄周就从怀中摸出自带的饼,嚼了起来。两人拜见魏王时,庄周穿的麻布长袍补丁摞补丁,扎好腰带系好鞋子去魏王处。魏王很奇怪地问:"先生,您怎么这样狼狈?"庄周说:"我只是贫困,并不是狼狈。志士有道德不能施行,才叫狼狈;而破衣草鞋,只是贫困而已。这就是所谓的生不逢时啊!"还有一个故事,说惠施在魏国做了宰相后,很得意地带了一个车队浩浩荡荡地衣锦还乡。庄周正在钓鱼,他已经钓了一桶鱼了。一看到惠施这样子,他就把一桶鱼全倒进河里,只留了一条拿回家去了,不理惠施。他对惠施的好排场、摆阔气十分鄙夷:你要坐那么多的车子干什么?你一个人屁股有多大?一辆车肯定把你拉回来了。那么多车子要显示什么东西?

同样道理，他觉得，我一个人钓那么多鱼干什么，一条鱼就够吃了。

庄周的一生，是隐士的一生。他始终是站在生活边上看生活。那么，他一辈子都和什么人打交道呢？主要是社会下层人和社会边缘人，《庄子》中常讲一些工匠的故事，如宰牛人、木匠、粉刷匠等，这说明庄子比较了解当时下层工匠的生活情况；《庄子》中还讲了很多残疾人的故事，他们或是腿被砍掉了、手被砍掉了，或是长着奇怪的大瘤子和脓疮，他对这些人也很熟悉。庄周拒绝和上流社会往来，只有一个例外，就是惠施。他是庄子在主流知识圈中唯一的一个好朋友。庄周的一个弟子，其实也是郭沫若推测的，就是《山木》篇中，庄子游园回来，问庄子话的蔺且。

庄周身边实实在在能交往的人，大概就这些了。我想他其实是个孤独的人。妻子、弟子、惠施，乃至全天下的人都不能明白他的心。他怎能不孤独呢？即便群居，周围有一群人，有许许多多的挚爱亲朋，一个人面对世间的无常，他也是孤独的——梦蝶只能一个人、大鹏展翅时也非出双入对、井底之蛙自个儿望天……在精神上，他无人对话。于是，庄周走入了一个虚拟的世界，他邀请了各种鸟兽虫鱼、花草树木、山川河海、骷髅鬼魂，甚至人的影子，一起来参加一场空前绝后的哲学盛宴！庄周就像《圣经》里创世纪的上帝一样，想让谁说话，谁就能说话。他用一个个奇思妙想的寓言，架构出了一座美丽的海市蜃楼，那思想的美景既近在眼前又远在天边，既呼之欲出又缥渺无踪。让人虽然真真切切地明白那是虚幻，却又欲罢不能地沉迷！

亦庄亦谐写人生

庄周的日常生活是安静恬淡的,他常常闲庭信步,优游于自然之间,思考着人生。《庄子·山木》篇记载,有一天,他到雕陵的栗园去游玩,看见一只巨大的异鹊从南方飞来,翼展七尺、眼大一寸,那异鹊的翅膀扫了庄周的额头一下,然后停在栗子树上休息。庄周很奇怪:"这是什么鸟啊?翅膀很长却不能飞高,眼睛很大却视力不佳。"他提起衣角快步跟过去,手持弹弓瞄准那异鹊,留意其举动。这时,庄周突然看见一只蝉,正躲在树叶下边唱歌边纳凉,非常忘我。而一只螳螂在树叶遮蔽下正伺机捕蝉,由于将有所得而非常忘我。那只异鹊呐,正准备捕杀螳螂,也因为将要获食而非常忘我。

两千多年前的一个场景,在庄周的形象描绘下,瞬间之际,在我们眼前鲜活起来。当庄周发现,自己与异鹊、异鹊与螳螂、螳螂与蝉之间,构成了一串利害相生的"生物链"时,他怵然道:

"唉！世间万物原本互相牵累，每一物类都有它的克星。"——"庄周怵然"四个字，惊心动魄。"螳螂捕蝉，黄雀在后"这个成语就出自此。当庄子幡然醒悟，扔掉手上弹弓，准备离开时，栗园的守园人发现了他，以为庄周要偷栗子，于是对他好一阵追赶与斥骂。

庄周回到家里，几天都心情不好。弟子蔺且问："夫子为何这几天心情很不好？"庄周说："我只知守护肉身，反而忘了真身。我习惯了在浊水中认知肉身，在清泉中看到真身反而感到迷惑。况且，我早已听诸位夫子说过：'沉溺俗世之中，就要合乎俗世的法令。'如今，我在雕陵游玩就忘了真身，那只异鹊的翅膀扫过我的额头令我惊醒。栗林守园人怀疑我偷窃而侮辱了我，因此我心情不好。"

一个玩弹弓的庄周！一个被人追赶斥责了一下，就好几天委屈不舒服的哲学家庄周，是多么可爱呀。

"庄重"和"诙谐"，这两个好像是很矛盾的姿态，却被庄周完美地统一了，他"亦庄亦谐"。曹雪芹在《红楼梦》里讲了一种"正邪两赋"的人，这种又"正"又"邪"的人跟大圣人不一样，跟大恶人也不一样，比如说我们所熟悉的陶渊明、阮籍、嵇康、刘伶、李后主、唐玄宗和宋徽宗，等等。庄周也是一个"正邪两赋"的人，他的一生不像孔子那样入世，也不像屈原那样壮烈，而更接近于一场轻松地在小剧场表演的先锋戏剧。

《庄子·列御寇》篇记载，庄周快要死时，弟子们想厚葬

他,他对弟子说:"我死了以后不要埋葬了,扔在野地里就行了"。弟子找了一个非常好的理由来说服他,说:"扔在外面是没关系,但是您的尸体可能会被老鹰和乌鸦吃掉。"庄子说,"扔在外面是会被老鹰和乌鸦吃掉,但是埋到土里,最后也会被蝼蚁吃掉。你们现在是要从老鹰和乌鸦嘴里抢东西给蝼蚁吃吗?我把天地当棺椁、日月当玉璧、星辰当珠玑、万物当赍品,一切葬具都齐全了。还需要什么呢?"庄周于宋灭之年去世,死后蒙城归楚,因此后世有异说,误传庄子为楚人。

庄周一生著述十余万言,后人辑为《庄子》。庄周的著述,标志着在战国时代,我国的哲学思想和文学语言,已经发展到了非常玄远、高深的水平,连《红楼梦》中的妙玉都说:"文章是庄子的好。"庄周死后,又过了大约六十年,秦统一了天下,焚书坑儒之时,《庄子》一书因为散淡飘逸,竟保存了下来。这恐怕也是庄周所说的"无为"之功吧?他的思想,也如一只奇异美丽的巨大蝴蝶,在中国文化史上翩跹起舞,令无数后人惊艳!

这就是庄周的故事。

就是这个脖子瘦瘦脸黄黄的漆园小吏,这个随性散淡的人,却开创了一种生活方式,成为儒家精神的重要补充,让中国人的灵魂在刚健有为的进取心和社会责任心的重压下,还能适度地调节与平衡。

第二章
破茧成蝶：自我超越的向往

两千多年前的某一天,庄周在打盹的时候梦见自己肩上生出一对翅膀,变成了蝴蝶,一只翩翩起舞的蝴蝶。他尽情地飞啊、飞啊,觉得自己非常快乐,悠然自得;一会儿梦醒了,却发现自己原来还是躺在床上的庄周。那只美丽的蝴蝶的影子还在他的脑海里萦回,于是,他开始怀疑到底是庄周做梦变成了蝴蝶,还是蝴蝶做梦变成了庄周?这位质朴且纯真的哲学家提出的这个问题,成了千古之谜。

弗洛伊德在《梦的解析》中说,梦是人的潜意识中被压抑欲望的折射。蝴蝶象征着人性无拘无束、天真烂漫的本质。庄子所处的时代,罪恶之花、苦难之果遍布人间,财富、权势、野心、贪欲,已成为人们挡不住的诱惑,这恰似打开的潘多拉魔盒,侵蚀着人类羸弱的身心。现实的庄周是异化的、痛苦的,梦境中化蝶的庄周是快乐的、自由的。所谓日有所思夜有所梦,在尘世中争名夺利的人不会有梦到蝴蝶的雅兴,功名利禄才是他们所梦寐以求的。梦蝶昭示的人与自然的和谐正是为庄子所乐道的。庄子的蝴蝶梦中,充满着欢快,憧憬着光明。人生,宛如蝴蝶翩翩起舞,烂漫在芳菲丛中。

李白《古风》云:"庄周梦胡蝶,胡蝶为庄周,一体更变易,万事良悠悠。"把庄周的蝴蝶梦演绎得十分到位。万物生而平等,没有贵贱、美丑之分,只是形态不同罢了。有的时候庄周就是蝴蝶,蝴蝶也会变成庄周。蝴蝶能享受飞翔的自由与快乐,流连于花草之间。心无外物的庄周想化作一只快乐的蝴蝶飘飘于世间,那一份飘然是醉心尘世的人所不能体会的。

其实在生活中,很多时候,我们都如那小小的蚕儿,经常陷于一种生存的窒息状态,或是处于绝望的境地。如果我们能击破自己构筑的外壳,尽管这一过程会很痛苦,但对于生命的重生,这又是一种必需。所以破茧成蝶,是人生的一种境界。

井蛙问海：读读相对论，认识你自己

"认识你自己！"——据说这是铭刻在希腊圣城德尔斐神殿上的著名箴言之一。苏格拉底从这句箴言中看到了神对人的要求，就是人应该知道自己的限度，承认自己在宇宙最高神秘面前是无知的。"我知道我一无所知"，就因为这句话，苏格拉底被德尔斐神谕称作全希腊最智慧的人。

怎样才能客观、真实地认识自己？认识我们周遭的世界？这是每一个普通人都感兴趣的问题：天为什么这么高？海为什么这么深？河水为什么会流？花儿为什么会开？苹果为什么会落到地上？我是谁？……相信曾有无数人思考过这些问题。庄子用讲故事的方式，艺术化地解答了这些深奥的哲学命题。

世界是相对的

我国古人很早就认识到了世界是相对的。《诗经·曹风·蜉蝣》的"蜉蝣之羽,衣裳楚楚。心之忧矣,于我归处"即展示了相对主义的世界。蜉蝣是一种朝生暮死的小虫子。这是一首乱世之时叹息人生短促、变幻无常的诗,在这位感伤的诗人看来,蜉蝣的朝生暮死与人的"生年不满百"一样,都逃不出命运的掌握,是庄子使这个相对主义的世界丰富了起来。在庄子看来,时间、长短、高低、大小、曲直、是非……都是相对的,同样是雨,农人春天喜好而秋天厌恶;武松打虎成了英雄,今天谁打了老虎却是犯罪,因为老虎已经成了国家一级保护动物;再比如,我们在地球上看房子,都是静止不动的,可在太空中看,房子却是和地球一起转动的,那房子到底是动还是不动呢?这只能看参照物了;还有我们熟悉的《红楼梦》,有人从中看到的是爱情,有人看到的是宫廷秘史,有人看到了儒、道、佛三种思想的冲突。

《庄子·齐物论》说:如果我们当初把天地叫作"马",或是把天地叫作"指",那么现在天地便是"马"或是"指"了。人自己认为对的就说对,认为不对的就说不对,但是,对和不对的标准是什么呢?庄子并不是要我们寻求某种答案,而是告诫我们:万物的标准不一致,人只是用人的立场去创造知识,又用自己创造的知识束缚了自己。人睡在潮湿的地方会得腰痛病,难道泥鳅也这样吗?人爬到高树上会感到害怕,难道

猴子也这样吗？那么，人、泥鳅、猴子三者，究竟是谁的生活习惯更好呢？西施是世人所认为最美的人，鱼见了就潜入水底；鸟见了就飞向高空；麋鹿见了就急速飞跑。那么，人、鱼、鸟、麋鹿四者，究竟以谁的尺度作为衡量美与不美的标准呢？人喜欢吃肉，羊喜欢吃草，蜈蚣喜欢吃蛇，乌鸦喜欢吃老鼠。那么，人与动物究竟谁的饮食更好呢？庄子的结论是：各个事物都有自己的标准，公说公有理，婆说婆有理，确定的客观标准是不存在的——这个世界是相对的。

古希腊哲学家赫拉克利特对世界的认知与庄子不谋而合，他认为，世界上的事物如同河中的流水一样在不断地运动变化。他说过一句著名的话："人不能两次踏进同一条河流。"因为当你第二次踏进这条河流时，河水已经变化了。赫拉克利特有个学生叫克拉底鲁，认为他的老师说得还不彻底。他说："人连一次也不能踏入同一条河流。"因为当你举足将入时，河水已经历了无数变化。他甚至认为任何东西连名字都不能起，因为当你叫出名字时，它已经变成另外的东西了。

事物都是多面的。例如，鸦片是有毒的，但医生却可拿来治病。所以，一种东西不能简单地说成有害无害，只能说在使用时适当不适当。灾荒年里会有因暴食而胀死的人，河里淹死的，往往是会游泳的人，问题就出在"失度"二字上。做事稳重当然好，可太持重的人往往不能通达权宜；处世严谨很难得，可太刚烈会因小失大；宽厚是美德，迁就过分又流于怠惰；对人客客气气好，过于小心谨慎又会失去当机立断的魄力；方方正正做人无可非议，一点儿也不苟取又会因拘泥而施展不开；能言善辩是美才，言多有失则坏事；知足常乐自然好，安于现状却难以进取；传统应该尊重，但不能墨守成规；敢冲敢闯令人钦佩，盲目蛮干又会闯出祸事。

相对的世界是令无数人好奇的。有一次，群众围住了从德国移居美国的科学家爱因斯坦，要他用最简单的话解释清楚他的相对论。爱因斯坦走出住宅，对大家说："你同你最亲爱的人坐在火炉边，一个钟头过去了，你觉得好像只过了五分钟！反过来，你一个人孤孤单单地坐在热气逼人的火炉边，只过了五分钟，但你却像坐了一个小时。——唔，这就是相对论！"

井底之蛙的悲哀

相对论是庄子哲学思想的一大特点，甚至可以认为是庄子哲学的代名词。这种相对论的好处就是让我们能认识到，任何时候，我们自己都可能是没见过大海的井底之蛙。《庄子·秋水》篇讲了这样一个故事。

东海里的大鳖登陆旅游，路过一口浅土井，井蛙爬到井口，欢迎远客。它们聊了起来，井蛙告诉东海里的大鳖说："我快乐极了！爬出来可以在井栏上蹦蹦跳跳，进去可以在破井壁里休息；跳下水，水抚摸着我的两腋，托住我的下巴；踩进泥浆里，泥浆淹没我的四脚，漫到脚背上，十分惬意。我蹲坐在井中央，环顾四周的小虫、小蟹和蝌蚪，没有一个能比得上我啊。

我独占了这么一洼水,叉开双腿站在这浅井里,快乐到极点了。你也进来看看,感觉一下我的快乐吧。"东海的大鳖左脚还没踏进浅井,右膝已经给井栏绊住了,只得慢慢地退出来。为感谢井蛙的盛情,它把大海的样子讲给井蛙听:"千里那么远,也不够用来描绘海的广阔;千仞那么高,也不够形容海的深度。夏禹时,十年有九年发大水,可是海平面没有因此而上涨;商汤时,八年有七年遭旱灾,可是海岸线也没见退后。那种不因时间短长而改变,也不因雨量多少而增减的浩瀚之感,就是我住在东海的最大乐趣啊。"井蛙听了这介绍,惊讶得失魂落魄、局促不安,深深地为自己不知道世界上还有大海而惭愧。

人如果被自己的知识所局限,就会像井底之蛙一样,故步自封。这个故事告诉人们,不要用自己的眼光去衡量天下,更不要用自己的见识去局限天下。天地辽阔,事物众多,用一己之见窥天下,会贻笑大方的。

夏末秋初,黄河水量大增,千百条水流注入黄河,浩浩荡荡,隔河遥望对岸,偶见牲畜点点如蚂蚁,根本分不清是牛是马了。黄河里有一位河神,人们叫他河伯。河伯为自己的壮美沾沾自喜,以为天下的水都不能和黄河相媲美。可当他顺流而下,见到了大海,被大海的波涛翻滚、水天无际震惊了,回想自己一路走来的九曲十八弯,滔滔八千里,不过是一脉黄浆而已,不由得望洋兴叹,若有所失。

我想河伯此时的怅惘,就是庄子面对人生和宇宙的怅惘吧:我们所能知道的,不过是这个世界的一星半点儿,却都要妄称自知，这在庄子看来是非常可笑的。真理和世界的不可认知性使我们的哲学家走上了相对主义的认识之路，庄子在《逍遥游》和《秋水》中，表达了自己对世界的认知：

"懂得小的道理不懂得大道理，生命短促的不理解生命长久的。朝生暮死的菌类朝菌永远也不知道还有三旬为一个月的事情，夏天鸣叫的知了永远不知道世上还有春天和秋天，这是因为它们的生命太短促了啊！楚国的南面有一种灵龟，以五百年作为春天，以五百年作为秋天；上古时候有一种椿树，八千年花开叶茂为一春，八千年花谢叶落为一秋。彭祖是古代一位长寿的老人，据说活了八百岁。一般的人要与他比较长寿，那不是很可悲吗？"

"井里的青蛙不能够和它谈论大海，因为它受居住的地方所限制；夏天的昆虫不能和它谈论冬天的冰，因为它被时令所限制；见识浅陋的人不能和他谈论道理，因为他所受教育的限制。现在你从两岸之间出来，看见了大海，就觉察到你自己的浅薄，还是可以同你谈论大道理的。"

河伯很崇拜地对向海神若说："俗话说，只懂得一些道理就以为谁都比不上自己，说的就是我呀。我以前就像只井底之蛙，以为自己是最大的，今天要不是我亲眼见到这浩瀚无边的大海，我还以为黄河是天下无比的呢！那样，岂不贻笑大方。"海神说："你不要羡慕我，海在天地中只不过是个小小的洞而已，整个中国在四海中，也只不过是仓库里的一粒米而已。"

海神的这段话让人吓一跳，不免心想：庄子怎么会有这么特别的思想,居然把中国看成一粒米,难道他是从太空看到的吗?

两千多年前,在没有任何先进科技设备的情况下,庄子却认识到了宇宙的无限浩瀚,真的很令人惊异。在西方,哥白尼提出日心说时还胆战心惊,因为整个宗教社会决不允许否定地心说。有时候,智慧之树可能超越时代,提前开花结果。庄子、康德、哥白尼,都是智慧树上非凡美艳的果实。庄子的心中确实有个丰富的小宇宙,才能有如此超前的认识。

世界是无限的,人们对世界的认识也是无止境的。有一次,一个美国女记者走访爱因斯坦,问道:"依您看,时间和永恒有什么区别呢?"爱因斯坦答道,"亲爱的女士,如果我有时间给您解释它们之间的区别的话,那么,当您明白的时候,永恒就消失了!"

超越时代的智者都认识到了宇宙的无限和神秘,为人类认识自然、认识自身写下了浓墨重彩的一笔。

小斑鸠的快乐

在什么也不生长的遥远的北方再往北,有一个辽阔的大海,叫作北冥。北冥里面有一种鱼,从头到尾足有几千里长,名字叫鲲。鲲从水中腾跃到天空,变成一只鸟,名字叫鹏。鹏的脊背有几千里长,羽翼像遮天的乌云。它盘旋而上,飞到九万里的高空,要飞到南海去。知了和斑鸠看大鹏费这么大的力气往南飞去,讥笑道:"它是要往哪里飞哟?我腾地一下就飞起来了,大不了飞上几丈高就下来，碰到树枝、房梁就落到上面。即使这样，有时候还飞不上去，累了就只好落在地上休息一会，然后再飞就是了。我们活得自由自在的。它费这么大力气是要往哪里飞哟？"

一个人到郊外去，一天吃三顿饭，回到家里后肚里还饱饱的呢。一个人要走一百里，那可就需要准备隔夜的粮食了。假如要到千里之外，那就需要准备三个月的粮食。也就是说，做的事情越大，需做的准备也就越多。知了、斑鸠这两个小东西怎么能懂得大鹏展翅、前程万里的大道理呢？

知了与斑鸠讥笑扶摇直上的大鹏，只是因为它们的无知。但用庄子的"相对论"来解释的话，无知也是相对的。幸福的感觉有时是靠无知建立的。正是因为知了与斑鸠的无知，所以它们容易满足，是最幸福的，这便是所谓"井底之蛙的幸福"。相反，因为大鹏的有知使它不幸，即使它飞得再高也无法到达天顶，宇宙无限广大，最终它只得哀叹自己的渺小。

我们都知道，没有比较就没有鉴别，但庄子却在比较中发现了事物的齐一性。万物的本性和天赋的能力各有不同。它们之间的共同点是：当它们充分并自由发挥天赋才能时，便感到同样的快乐。大鹏鸟和小斑鸠的飞翔能力全然不同。大鹏鸟能够扶摇直上九万里，小斑鸠甚至从地面飞上树枝都很勉强。但是，当大鹏鸟和小斑鸠各尽所能地飞翔时，都感到自己非常快乐。

庄子认为，人类从功利主义的角度出发将自然界万物区分为高低贵贱、有用无用，是一种片面的、简单化的、错误的态

度。若从"道",即自然界本身来看,绝无高低贵贱之分。大至展翅万里的鲲鹏,小到蝼蛄、朝菌,形体虽各有大小,生命虽各有长短,却都有其存在的价值,这就是"齐物论"。

人生也是如此,没有绝对的标准。成功是什么?幸福是什么?都只是内心的一种感觉。无论拥有多少外在的物质财富,每个人幸福的重量是相等的。一个蹬三轮车的穷汉相比于豪华奔驰的拥有者,其幸福感不一定就少。蹬三轮车渴了喝一碗凉白开,饿了吃一碗麻辣面,浑身有说不出的舒坦;每天开豪车兜风的人,潇洒舒畅的感觉也不会时时都有。幸福在哪里?有一首歌唱道:"幸福远在山的那一边,水的那一边。"所谓的"远",是相对于我们对幸福的渴望来说的。当你富甲天下,却没有一个真心爱你的人,你幸福吗?当你贵为天子,却失去了行动的自由,处处受羁绊,你幸福吗?当你成了全国乃至全球的知名人士,却不再有真正的自我和思考的空间,你幸福吗?幸福不在山的那一边,也不在水的那一边,幸福在我们心底:幸福是热恋中人的相视一笑;是老夫老妻的相依相携;是学子的高考录取通知书;是富商的纯情恋人;是帝王的布衣知己。如果你珍视生命中的一点一滴,哪怕是失败和失恋,那么,无论你是王子还是贫儿,你都是一个幸福的人。

不苛求、不怨愤、顺其自然的人生才是最幸福、最成功的人生。无论自己能力大小,只要做自己能够做到的一切,都能获得自在与幸福。如果你是一条小河,就努力流入大海吧;如果你是一棵小草,就尽情地展示你的绿色吧;如果你是一片浮云，就随风飘荡去看世间美景吧。我们每人都是一盏灯，都有一份小小的温暖，可以唤醒人间的欢乐、神圣和美好，化解愁苦与悲凉。

人生的每个时期，都有每个时期的"好"。童年有童年的好，成年有成年的好，老人有老人的好。所以，符合道的生活态度是：珍惜现在的生活，从中找到乐趣。不要沉溺于过去的美好时光，也不要寄希望于以后的美好生活。好的生活就在当下。

只有得到相对的快乐，才有可能达到至乐的境界。

警惕"朝三暮四"

在《齐物论》里，庄子讲了一个"朝三暮四"的故事：

有一年碰上粮食歉收，养猴子的人对猴子说："现在粮食不够了，必须节约点吃。每天早晨吃三颗橡子，晚上吃四颗，怎么样？"这群猴子听了非常生气，吵吵嚷嚷说："太少了！怎么早晨吃的还没晚上多？"养猴子的人连忙说："那么每天早晨吃四颗，晚上吃三颗，怎么样？"这群猴子听了都很高兴，觉得早晨吃的比晚上多，自己胜利了。

这个故事非常简单：其实橡子的总数没有变，只是分配方式有所变化，猴子们就转怒为喜。猴子毕竟是动物，它们不能把总数加起来。它们只能看看近处，不能看到远处，对它们来讲，想到晚上是不可能的，他们只知道早晨。

一个聪明人总是依客观条件来看事物，而绝不会被主观情

绪左右。当猴子说不的时候,如果你是养猴人,可能早已被激怒了,以为这些猴子是要造反,这简直不能容忍!然而,养猴人改变了他自己的方案。他必定在心里暗笑,因为他知道总数!

我们自己是不是也因计较虚名浮利而忘记了生活的本真,最后不免像猴子一样,被朝三暮四或朝四暮三所蒙蔽?所以得意的时候不要太高兴,失意不必太难过,最后会发现原来是一样的。谁能最早明白这个道理,谁就能最早摆脱沮丧、失意的纠缠。因此庄子提醒我们,有时候我们已经偏离了生活的本真而不自知,使得方法成为另一种障碍。

《淮南子·人间训》中讲了一个"塞翁失马"的故事。

有一位住在边塞上的老人养了一匹马,一天,马逃跑了,邻人替他可惜,老人却若无其事地说:"塞翁失马,焉知非福?"过了一些日子,跑掉的马居然又带了一匹马回来。失一马得二马,邻人都来祝贺,老人又不以为然地说:"塞翁得马,安知非祸?"果然,老人的儿子骑了那匹马把腿摔断了,邻人对此表示同情,老人又说:"从今以后,我也许可以得到幸福了。"不久,边境发生了战争,村里身强力壮的年轻人都被征召参战,结果十之八九都战死了,老人的儿子因为腿断了没有被征去打仗,才保留了一条性命。

美国著名作家海明威醉心于写作,然而他的创作之路并非一帆风顺。他简洁的叙事风格当时没有被认可,编辑称他的小说为"速写录""短文",甚至说是"轶事",根本就没有把他的稿件看成是文学创作。1922年的冬天,他赴洛桑参加和平会议时，妻子哈德莉在火车站把他的手提箱弄丢了。那里装着他的全部手稿，这使海明威备受打击，他痛苦万分又毫无办法，然而他没有消沉，而是选择重新开始。正是这重新开始，让他更加认真练习，加倍磨炼，提高自己的写作水平，终于写出了一篇篇成功的小说，并以《老人与海》这个中篇小说而获得了1954年的诺贝尔文学奖，成为20世纪美国最有影响的作家之一。

人生的得失，直到离世的那一刻才能算出总数吧？身处其中，我们只要坦然面对，尽自己所能就够了。

有用和无用

古希腊的哲学家普罗泰戈拉说："人是万物的尺度。"可这把尺子会准吗？

我们常用自己的标准来衡量别人，岂知人类的标准也不能放之四海皆准。所有的判断，都有它的前提条件，天下没有绝对、孤立的标准。《庄子·人间世》讲过这样一则小故事：

有一个叫石的木匠带着几个徒弟到齐国去。师徒一行走到山路的一个拐弯处，看见一座土地庙，旁边有一棵高大无比的栎树。大到什么程度呢？树荫数十里，树身粗到数百人合抱而围不拢，树梢探云间。弟子们惊异地纷纷跑过去观看，匠石却视而不见继续走路。弟子追上前来好奇地问师傅："我们生平从未见过这么高大华美的树，师傅怎么看都不看就走了呢？"

没想到徒弟眼中的奇树,在师傅眼里竟然只是一文不值的朽木!他说:"这棵树没什么用。用来造船,船会沉;做棺材,棺材会腐烂;做家具,家具会破裂;做门窗,门窗会溢出汁液;做柱子,柱子会招虫蚁。正是因为它没有用,才会这么长寿,这么高大。"

晚上,木匠梦见这棵大树对他说:"你怎么能说我没用呢?你想想看,那些所谓有用的橘树、梨树和柚树,在果实成熟时,就会被人拉扯攀折,树很快就会死掉。一切有用的东西无不如此。我这一生,从小树起,就努力做到毫无用处,多次犯险,差一点就死于你这类木匠之手。你眼中的无用,对我来说,正是大用。假如我像你所说的那样有用,岂不早就被砍了吗?"木匠醒来,若有所悟。他把这个梦告诉了徒弟。徒弟问道:"它既然向往无用,为什么要长在土地庙旁边,引人注意呢?"木匠答道:"如果它不是长在庙旁边,而是长在路中央,不也早就被人砍掉当柴烧了吗?"

世间并没有一成不变的准则。树并不是生来为人服务的,它有着它的生存法则和成材法则。面对不同的事物,我们需要不同的评判标准。这棵树如果成材,很可能早就被木匠砍去做成了人们的生活日用品;这棵树如果果实很好,也可能早就被人们在采集果实时折毁。在人们的眼光中,它既不成材,也没有可供人们食用的果实,因此侥幸活到了今天。所谓的"材"与不"材",只不过是人为设置的一个强权标准而已。庄子反对将真理绝对化,反对树立权威的独断专论,更反对将人类的价值夸大，藐视其他物种。他将是非的争论看作喋喋不休的絮语，将贪生怕死的恐惧视同一场美丽的梦幻。

《庄子·山木》篇说，一天晚上，庄子和他的学生到他的一位朋友家中做客。主人殷勤好客，便吩咐家里的仆人说："家里有两只鹅，一只会叫，一只不会叫，会叫的有用处，还能防贼呐。将那一只不会叫的鹅杀了，招待我们的客人。"庄子的学生听了很疑惑，向庄子问道："老师，山里的巨木因为无用而保存了下来，家里养的鹅却因不会叫而丧失性命，我们该采取什么样的态度来对待这繁杂、无序的社会呢？"庄子回答说："还是选择有用和无用之间吧，虽然这之间的分寸太难掌握了，但已经可以避免许多灾祸，足以应付人世了。"

记得小时候和小伙伴捉迷藏，我藏到了一个特别隐蔽的地方，躲进去，我能看见别人，别人却看不见我。我就这样蜷缩在那个角落里，眼看着一个个小朋友被抓出来，自己却安然无恙，十分得意。可是，由于我藏的地方太隐蔽了，谁也找不到我，大家一起找了我一会儿就不耐烦了。这时，正好有一家的大人叫孩子回去吃饭，小朋友们就四散回家了。只剩下我一个，缩在那个角落，眼看着大家离去，只好自己灰溜溜地走出来。当初的得意变成了有些尴尬又无趣的结局。现在想来，人生的种种，都是如庄子所说，要把握有用和无用之间的度。捉迷藏时，藏得太浅，很快就束手就擒，是一种失败；而藏匿得太深，又会遭人遗弃，被彻底淘汰出局。最佳的境界就是在这两者之间，可那又是何其难把握的一个分寸啊！

世间没有绝对的标准,"有用与无用""美与丑""有成就与没有成就",甚至于"长与短""胖与瘦",等等,都是人所规定的,它们会随着时代的演变、社会的发展而改变。用一把绝对的尺子来测量甚至作为衡量得失的标准,只会自寻烦恼。宋国京师的地方适合种植楸树、柏树和桑树。这三种树长到一握粗的时候,就被砍去做养猴子的木桩,更粗的树被砍去建房子,最粗的就被富贵人家砍去做棺材了。所以,这些树未能享受自然所赋予的寿命,就夭折了。有用的树被砍掉!古代祭祀河神的时候,白额头的牛、高鼻子的猪、有痔疮的女人,巫祝不会将其投到河里祭祀河神。因为这些都被看作不祥之物。桂树可以吃,被人砍下来吃掉。漆树可以防腐,被人用刀割。女子因为长得美,便被沉到河底给河神做老婆,美究竟是祥还是不祥呢?树被做成斧头的柄,反过来砍伐它自己。世人都知道"有用"的用处,却很少人知道"无用"的用处。有智慧的人常以无用、不才、不祥的身份出现,以免除世上的祸患。商鞅、吴起、苏秦、张仪都很聪明,但都不得好死,有时候聪明反而成了杀死自己的工具。

汉朝的开国功臣韩信,被封为淮阴侯。他熟谙兵法,为后世留下了大量的军事典故:"明修栈道,暗度陈仓",背水为营,拔帜易帜,半渡而击,四面楚歌,十面埋伏,等等。然而,他过高估计了自己立下的功绩和刘邦的恩宠,在几次关键时刻都优柔寡断,最终死于吕后之手。这正是聪明太过之误!而唐朝时的郭子仪,在"安史之乱"中对唐室可说是有再造之功。

网络上曾流行过一副对联，下联就叫作"安史之乱，郭破虏，李莫愁"，巧妙地嵌入了金庸小说中的人名，说的是郭子仪平定了"安史之乱"，李唐家就不用发愁了。但郭子仪却处处小心谨慎，甚至对大太监鱼朝恩等人也态度卑下，终于得以保全自己。

大约与庄子同时代的屈原，因为受小人陷害，得不到君王的信任，无法施展自己的才华，将一腔悲怨写成了《离骚》，把对宇宙自然的困惑写成了《天问》，最后投江而死。而庄子之后，特别是魏晋以后，庄子的精神成为中国文人的心灵安慰剂，屈原式的困境已不再成为知识分子的精神难题。陶渊明、嵇康已不必说，甚至像杜甫、苏轼这样深受儒家思想浸润的人，在不得志的时候，也可以适性逍遥，面对命运的捉弄一笑而过。他们既不会像屈原那样提出"天问"，更不会去自杀。柳宗元在被贬谪的苦闷中，他不仅没有想到死，还作了一篇《天对》，解答了屈原在《天问》一文中的一系列疑问。可以说，庄子的思想为中国人摆脱儒家伦理责任的束缚，在理想与现实的夹缝中活下来，提供了广阔的自由空间。这正是"无用之大用"！

认识你自己

人有两只眼睛，可以看世间、看万物、看他人，就是看不到自己。如果揽镜自照的话，在镜子里可以看到自己的面孔，

但却看不到自己的内心。忙碌紧张的现代生活中,面对自己、认识自己尤为重要。庄子的相对论给了我们极大的启示:既要认识到自己在大千世界中的渺小,又要知道自己的方向,始终不渝地发挥自己的天赋,还要客观地评价自己,从容地面对得失。

清朝诗、书、画三绝的郑板桥,在自己人生春风得意时曾写下过这样的句子:

名利竟如何?
岁月蹉跎!
几番风雨几情和!
愁水愁风愁不尽,
总是南柯!

这不是落魄寒士自我解嘲的风凉话,而是经历了名利巅峰后的通达,是何等清醒地认识自己、了解人生啊!世事无常,人们所拼命追求的,所拥有的,是否是最珍贵的东西呢?

有人把人的一生比作负重赛跑,从一出生,就不断往身上加"沙袋",然后在不堪重负中终了一生。人生的确有太多的"沙袋",如"名誉沙袋""钱财沙袋""房子沙袋""情欲沙袋""儿孙沙袋"等等。大多数人一辈子就背着这些沉重的"沙袋",累死累活,直至生命的终结。也有一些聪明人能洞明世事、了悟人生,放下"沙袋",使自己的生命融入自然,活得自由自在。郑板桥就是这样一个聪明人,他放下了"名利"的"沙袋",

在诗词字画中遨游终生，在"难得糊涂"中悠然自适。

今天的我们，为什么不去透视人生，解脱名缰利锁的束缚，拨开迷云欲雾，唤起心中的阳光呢？

人只有清醒地认识自己，才能在这世界上更好地表现自己。英国著名诗人济慈本来是学医的，后来他发现自己有写诗的才能，当机立断，用自己的整个生命去写诗。他虽然只活了二十几岁，但却为人类留下了许多不朽的诗篇。马克思年轻时也想做一名诗人，并努力写过一些诗，就是后来他自称是胡闹的东西。但他很快就发现自己的长处其实不在这里，便毅然放弃做诗人的打算，转到哲学研究上面去了。如果他们两个人都不能认识自己，那么英国至多不过多了一位普通的外科医生济慈，德国也不过多了一个普通的诗人马克思，而在英国文学史和国际共产主义运动史上则会失去两颗光彩夺目的明星。

人当有自知之明，知道自己可以做什么或不适合做什么，既不需要好高骛远，也无须自卑退缩。我曾在杂志上看到这样一个故事：一位登山运动员参加了攀登珠穆朗玛峰的活动，在六千四百米的高度，他体力不支，停了下来；当他讲起这段经历时，很多人都替他惋惜——为什么不再坚持一下呢？你可能就会攀上世界最高峰的。可他说："不，我清楚，六千四百米的海拔是我登山生涯的最高点，我一点都没有遗憾。"

我看过后不由地对这个登山运动员肃然起敬。任何事情都存在突破口，但不是所有的人都能够穿越突破口，抵达更高的层次。如果说挑战是对生命的发扬，那么明智该是另一种美好

的境界,是对生命的爱护和尊敬。一个不懂得珍惜生命的人,命运会给予他惩罚。

一个智者,他能在人生的道路上努力不懈地攀登,但又能充分认识自己,恰到好处地停下。

《庄子》启发我们,哪怕你只是一株冬日的衰草、一棵草原上孤独的树、一个身体残疾心灵痛苦的人,也必须看守住自己的心灵之月,既要认清自己"井底之蛙"的局限,也要有大鹏展翅的宏大胸襟。这样,很多问题可能就不会像我们想象的那样艰难。我们完全可以把生活中的磨难视为电玩游戏的关卡,超越它,这样苦恼也许就会变为乐趣。

伯乐之罪：顺应自然，保持本色

庄子是一轮明月，它用自己的阴晴圆缺映照着人间的美丽与忧伤，用自然的运转昭示着人间的兴衰荣辱、生老病死。庄子是瀑布下的深潭，春光明媚时，它绿波荡漾、欢快活泼，像一个顽皮的孩子；秋果累累时，它明净透彻、宁静致远，像一位沉稳的中年人。

正是因为庄子的心顺应了自然，所以才能彰显出这自然之美。

千里马的痛苦

我们都知道伯乐，"世有伯乐，然后有千里马"，"千里马常有，而伯乐不常有"。韩愈《马说》中的这两句话说出了伯乐的重要性，今天的我们也佩服伯乐的慧眼如炬。与难得的千里马相比，伯乐更少。只有伯乐才能发现、赏识千里马，给

它驰骋的空间，施展才华的舞台。如果没有伯乐，就算你是千里马，也只能在破烂的马厩里独自饮泣。寻常人都以马遇见伯乐为佳话，伯乐已经成了慧眼识人的代名词。但庄子却不这样认为，在《庄子·马蹄》篇看来，伯乐是千里马的罪人。

马的蹄可以踩踏霜雪、毛可以抵御风寒，它吃青草喝清水，跷起脚就跳跃，这是马的天性。善于相马的伯乐一出现，事情就坏了。本来是自由自在、随意蹦跳的马，伯乐剪它的毛、削它的蹄，又给它套上马笼头，扎上马缰绳，把它们关进马棚。这样一折腾，马便死去十分之二三了；他还不让马吃饱、不给马喝水，用皮鞭威胁着，叫马这样奔、那样跑，马就被折磨得死去大半了。

借助"千里马之死"，庄子说明了"马弃伯乐而生，人守本性而活"的道理，告诫人们永远不要自毁天性。

这让人想起了美国超验主义作家亨利·戴维·梭罗，他就是完全按照自己的自然天性生活和思考的人，他那种选择真心的勇气令人佩服。梭罗是哈佛大学的高才生，可以从事许多优越的社会职业，但他却摆脱了一切剥夺他时间的俗务。1845年，他独自一人，拿了一柄斧头，跑进了无人居住的美丽而宁静的瓦尔登湖边的山林中，独居了两年。他把自己和瓦尔登湖融为一体，专心致志去体验林间湖上的景色，瓦尔登湖的美引起了他心灵上的许多共鸣。他把这些体悟记录下来，这就是被后人公认为独一无二的散文名著《瓦尔登湖》。《瓦尔登湖》的写作距今已经一个半世纪了，梭罗把瓦尔登湖的纯净和澄明的月光永远留给了我们。在现代文明的压迫之下，人们离恬静的大自然已经越来越远，取而代之的是嘈杂、焦灼、浮躁和不安。可是，人毕竟又是自然之子，崇尚自然、向往自然，梭罗的《瓦尔登湖》是人顺应自然而为的最好实例。

另一个相反的例子是日本作家川端康成，他在获得诺贝尔文学奖之后，为名所累，陷入俗事的重围。他不善推托，又不知如何解脱，终于自杀，给人们留下了永远的遗憾。

物贵天然，人贵自然，刻意雕琢可能美丽，但已失"生动"。俗话说"强扭的瓜不甜"，"瓜熟蒂落，水到渠成"才是最佳境界。强求而不自然的东西往往很别扭，像邯郸学步，因失却自然本真而贻笑大方。做人也应当顺其自然，不必刻意与谁相同，也不要刻意与人不同。雷锋穿过的衣服是补了又补，今天大可不必如此，学习他生活俭朴却追求精神上的富有才是我们应该做的。

在重奢华、讲实际的现代社会里，人人都有越来越多的人际交往、越来越多的人情世故，却也都不由自主地离天然越来越远，对真正的生存乐趣越来越茫然。人们羡慕孩子的本真，说想说的话、做想做的事，用单纯的心完成简单的愿望。成年人常常给真诚戴上面具，多了些虚伪的客套：朋友明明已臃肿不堪，却笑着恭喜，"生活真好，又发福了"；领导明明做错了，却默不作声，且一一照办；同事明明烫发难看，却说："挺新潮的。"不经意中，你的真心在流失，虚伪一步步占据了你的心灵。生活中的我们常需要庄子的"当头棒喝"——自然、

自在是人生最美的风景，拥有它，你会生活得更快乐。我想，现代社会之所以疾呼"天然"、追求"本真"，无非是希望找回一点力量，使扭曲的人情恢复它天然的坦荡与柔和，找回人间的真情和美善而已。

有一句诗说得好："海，蓝给它自己看。"真诚也如此，它不是华丽的装饰，也不是故意和做作，而是最自然而然的一种情感，在你心头蕴积着，它朴素地流露出来，就会带给人意想不到的温暖。

自然之美

在中国历史上，有四大美女，西施就是其中一位。她是春秋时期的越国人。西施是天生的尤物，举手投足，音容笑貌，样样惹人迷醉。她只略施淡妆，衣饰朴素，但走到哪里，都有百分之百的回头率。人们都向她行"注目礼"，惊叹于她的美貌。有个长得很丑的叫东施的女人，很羡慕西施的美丽，就时时模仿西施的一举一动。西施患有心口疼的毛病，有一天，她的病又犯了，只见她手捂胸口，双眉皱起，娇柔无限，十分惹人怜爱。当她从乡间走过的时候，乡里人无不睁大眼睛注视。东施看见西施姑娘这个样子很好看，就模仿着西施的样子，也捂着心口，皱着眉头从乡间的路上走过。可是村里的人看见她这个样子，都吓得紧紧地关上门不出来，或是远远地走开了。东施只知道人家皱眉很好看，却不知道人家皱眉为什么好看。

西施丽质天成，哪怕陷于病痛之中，也自有一番风韵，动人心弦。那东施本已很丑了，再现出愁苦的样子，岂不更丑了吗？

《庄子·天运》篇的这个故事流传到今天，后人常常误解庄子，以为他是嘲笑东施姑娘的丑陋和不自量力，更常常有人替东施抱不平——爱美之心人皆有之，长得丑不是东施姑娘的罪过啊。其实，庄子讲这个故事并不是嘲笑东施姑娘，庄子对人的面貌形体的美丽并不那么在意，他在意的是你是否是个自然的真人。许多丑得奇形怪状但心灵淡泊飘逸的人，庄子都大加赞美。他一方面赞赏"肌肤若冰雪，绰约若处子"的面貌、形体之美，另一方面又丝毫不歧视残缺丑陋的人。

人对自然的态度之所以区别于其他动物，就在于自然不仅是人类的生存栖息之所，还是被人欣赏的对象。但人对自然景物的欣赏，并不只是像镜子一样简单地照看，而是在不断观照中反及自身。无论是"黄河之水天上来，奔流到海不复回"的雄壮，还是"大漠孤烟直，长河落日圆"的空旷，抑或是"小桥，流水，人家"的清幽，这些景物，都以其丰富独特的形式，激起人愉悦的审美感受，融入了人的生命与情感，成为千古流传的自然之美。

如果能从大自然学到其中的宁静永恒与无限生机，领会到山川树木、鸟兽虫鱼的悠然自得，也就拥有了一颗抬头看世间的灵慧之心。一个人，若能倾心于自然、感动于自然，并能用文字再现自然的话，那便是自然之美的更高境界，"天人合一"反映的正是人与自然的这种关系。

> 春江潮水连海平，
> 海上明月共潮生。
> 滟滟随波千万里，
> 何处春江无月明。
>
> ——张若虚《春江花月夜（节选）》

这是张若虚面对春江明月的感动，这感动美好得近于苍凉，也感动了后代无数的读者。

> 前不见古人，后不见来者。
> 念天地之悠悠，独怆然而涕下。
>
> ——陈子昂《登幽州台歌》

这是唐朝的陈子昂登上幽州台时，独自一人面对洪荒宇宙，万感交集，抒发出的悲怆情致。

山水万物是我们无言的老师，它以自己的超脱、高洁濡染着我们，融入了我们的生命。社会这所学校教会了人们练达处事，大自然却在被观照中完善着人的天性。以观山水之心处世事，处处可以宁静致远。美国哲学家乔治·桑塔亚纳选定四月的某天结束他在哈佛大学的教授生涯。那天，他在哈佛大礼堂讲最后一堂课时，一只美丽的知更鸟停在窗台上，不停地欢唱着。桑塔亚纳出神地打量着小鸟。许久，他转向听众，轻轻地说："对不起，诸位，失陪了，我与春天有个约会。"讲毕，他急步走出门去。

网络时代,我们现代人常常忽略了自然之美。人们经常去旅游,可那种匆忙中却很少能和自然真正沟通,平常在城市中的生活更是完全陷入忙乱。时间长了,真心流失到哪里,自己早就不知道了。

混沌之死

在庄子的哲学中,"天"与"人"是相对立的两个概念,"天"代表着自然,而"人"指的就是"人为"的一切、与自然相背离的一切。"人为"两字合起来,就是一个"伪"字。对自然人性的推崇,使庄子把"人为",亦即"伪"的社会文明作为自己思想的对立面,进行大力批判。庄子指出,"有为"的态度是毁灭自然的大害,《庄子·应帝王》中讲了这样一个故事:

南海的帝王叫倏,北海的帝王叫忽,中央的帝王叫混沌。倏和忽时常在混沌的地方聚会,混沌热情地款待他们。倏和忽共同商量要报答混沌的善意,说:"人们都有七窍用以看、听、吃、喝、呼吸,唯独混沌没有,我们试着给他凿成七窍,让他真切地感受这个世界吧。"于是他们日凿一窍,七窍凿成,混沌却死了。

庄子之所以把中央之帝命名为混沌,就是基于他对宇宙的认识。庄子认为整个宇宙万物是浑然一体的,虽然自然界的物质千差万别,各有其性,但并没有好与坏的区分。随自然之性,

保持本真才是好的,任何违背自然而强加的人为因素都是对本真的破坏。混沌天生没有耳、目、口、鼻,这是上天的造化,他自己并没有觉得这副模样有何不妥。然而,倏、忽二帝却以人世的常理来推断,认为他这是一种缺陷。因此,二位便想为他"整容"以报答恩德。"整容"的结果是什么?"容"整好了,混沌也被他们整死了。

这个寓言告诉我们,如果不按事物的自然规律办事,只凭好心,并不能做成好事。倏与忽本来是要报答混沌的恩德,想给他凿出七窍来,然而应该有七窍这一判断是从"人皆有"这一现象来推理的,不是从混沌的需要与自然状态出发,所以才导致了"七日而混沌死"的悲剧。

有一个有趣的巧合:《圣经》中的上帝和庄子笔下的倏、忽二帝都是花了七天时间来开天辟地,化生万物的。用数字"七"来代言天地宇宙和人类的诞生,东方与西方的创世神话在这里不谋而合了。

几乎所有热爱自然的哲学家、艺术家都非常珍视自然自在的混沌状态。泰戈尔用诗的语言描述了他所感悟到的宇宙秘密:"在存在的最深内里,整个寰宇在光辉中显现为一个整体,发出旋律之流,激荡着欢愉的浪花,流转回自身的本源。"文学家詹姆斯·乔伊斯也形象地说:"现代人征服了空间、征服了大地、征服了疾病、征服了愚昧,但是所有的这些伟大的胜利,都只不过是在精神的熔炉中化成的一滴泪水!"诗人是否也在为死去的混沌哭泣呢?

在中国古代哲学中，"混沌"被看作一种自然本真的状态，就像婴儿。然而，"混沌"已经死了——混沌死于对其混沌状态的开凿，亦即死于"启蒙"。"混沌之死"，常被譬喻对朴素、真实、美好、自由的事物的摧残与扼杀。在《红楼梦》中，"混沌"与"童心"是同义语，当代有许多红学家将"混沌美"的毁灭看成是《红楼梦》的基本主题。

当一个人不再欣赏天然，不再欣赏率真与淳朴，刻意求取，那也就失去了人天赋中最宝贵的东西。世事有其内在的运行规律，绝非人力可以全然改变。"有心栽花花不开，无心插柳柳成荫"，这是人力之外的自然之音。强人、强己都不如顺其自然，"螳螂捕蝉，黄雀在后"的事有谁能预料？"塞翁失马"又"焉知非福"呢？生活中有许多我们该做能做却未做，甚而疏忽的事。比方说常回家看看年迈的父母，不仅是天伦之乐，更是心灵的慰藉。一旦父母撒手人间，我们也不会后悔。比方说对因误会与你失和的朋友表达歉意和友好，前嫌尽释后你们会更加知心、默契。立身行事，千万别忘了自己的本心！

抱瓮老人的智慧

人类的文明表现在两个方面：一是对自然的改造；二是对人自身的改造。从人类进入文明时代以来就开始了这两项活动，它们也成了人类文明的标志。人们常常以此沾沾自喜。但在庄子看来，人类的这些行为恰恰是对文明的破坏。

庄子把自然界物质的原始状态称为"朴",认为任何人为的技术都有损于物的"朴"本性。不幸的是,庄子的预言在今天已逐步成为现实,地球上的部分物种正以惊人的速度灭绝,森林面积迅速减少,生态环境日益恶化。这一切说明,庄子的担忧绝非杞人忧天。

但是,庄子并非因此而否定所有的技术。对人类生存所必需的技术,他还是持肯定态度的。他也主张通过耕织这些基本的生产活动向大自然索取必需的生活资料,但对技术发展的使用和依赖应当有个限度。《庄子·天地》篇中关于抱瓮老人的寓言,最能代表他的这一观点。

子贡,是孔子的弟子中比较有名的一个,是春秋时期卫国人,据说很有口才,访问过许多诸侯国。一次,子贡从楚国到晋国去,路过汉水南岸,看见一位老人吃力地抱着瓦罐浇灌菜地。那老人先到井里去汲了水,倒到瓮中,再抱着瓮到田里去浇。这样一趟一趟地来回走,费力大而功效极低。子贡看老人很辛苦,就对他说:"老人家,您为什么不用汲水器械来灌溉呢?利用它来灌溉,一天能浇一百畦,又快又省力,您难道不知道吗?"没想到老人气得变了脸色,说:"我听我的老师讲过,有了机械,就一定会产生机巧之事;有了机巧之事,就一定会产生机巧之心。一个人如果心存机巧,纯洁的心就不复存在;纯洁的心没有了,思想就会不静定;思想要是不静定,也就体悟不到'道'。谁说我是不知道那灌溉机械,只是觉得用它可耻才不用罢了。"

把机械视为洪水猛兽，是因为它代表着对自然的破坏。抱瓮老人指责以子贡为代表的那些自以为聪明的人，只看到了技术高效率的优点，而忽视了技术的负面作用，即破坏环境、可能改变人性的一面。从抱瓮老人的态度不难看出，庄子主张人类应将技术控制在一个适当的水平上，不可一味盲目地、无限制地追求技术的进步。庄子的目的在于告诫踌躇满志的人类，必须以极其审慎的态度，对技术作出深思熟虑的理智的抉择，否则后果将不堪设想。

真正的自然精神是与人的生命、自由发展相一致的，庄子生活的战国时代，各诸侯国为富国强兵，争城夺地，致力于修路、打仗、开荒，毁掉了不少森林和草地，破坏了生态平衡，自然资源日益减少。与庄子同一时代的孟子，看到齐国临淄城郊的牛山因过度采伐、放牧变成荒山，也感慨万千。严酷的现实激发了庄子的忧患意识，人类刚刚跨入文明的门槛，他便以智者的敏锐，洞察到人类的生产活动会干扰、破坏自然环境，告诫人们要尊重自然、善待万物、保护环境，呼吁"无以人灭天"（《庄子·秋水》）。这无疑是给世人的头脑擦了一剂清凉油，具有醒目清心的作用。

现代科技拓展了人类对宇宙的认识，同时也消解了人类对宇宙的玄想。当宇航员的双脚踏上月球的土地，却发现那里竟是一片不毛之地，没有水，没有空气，没有广寒宫，"嫦娥应悔偷灵药，碧海青天夜夜心"（李商隐《嫦娥》）的动人神话，一下子失去了美丽的主人公。这个世界每天都有新的商品诞生，

物质越来越丰盛了。但物质相对于人来讲,永远是身外之物。人类已经把自己的衣食住行打点得越来越精致,把外在的环境整治得越来越舒适了。但是心灵却在越来越辉煌的物质文明中萎缩,沉迷于电子设备中。

从手机中走出来,从物质的繁复中走出来,面对生命,思考人生;看看头顶的星空与月亮、闻闻孩子的奶香、和智慧的老人去交谈吧。

你不能决定生命的长度,但你可以拓展它的宽度;你不能左右运气,但你可以改变心情;你不能改变容貌,但你可以展开笑容;你不能预知明天,但你可以把握今天。你不能样样顺利,但你可以事事尽力。

"道"在屎溺中

《庄子·知北游》中记录了这样一个小故事:

东郭子听说庄子对"道"很有研究,就去向庄子请教,问他"道"到底在什么地方。庄子说:"我讲的'道'各处都有,无处不在。""那请您具体指明它在哪些地方,可以吗?"东郭子非常客气。庄子不假思索地说:"在蝼蚁和蚂蚁中里。"东郭子非常奇怪,"'道'是很高尚的东西,怎么会存在于这么卑下的地方?"庄子又说:"'道'在稗草、砖瓦、碎石之中。""这不是愈加卑下了吗?"东郭子更为奇怪。庄子继续说:"我讲的'道'在屎溺之中!"东郭子听庄子越说越低下,心里很不高兴。庄子这才向他解释:"要满足您的要求,把'道'的本质说明白,就得像在集市上检查猪的肥瘦一样,愈是猪的下部,愈能看出猪的肥瘦。因为猪腿的下部是最难长膘的,如果腿部也长满肉,其他部位当然更肥了。所以,我今天告诉您'道'所在的地方,尽是卑贱的地方,这些地方都有'道',那么'道'存在于其他的地方,也就不言自明了。""噢,原来是这样。"东郭子很佩服庄子的才学。

"道在屎溺中",这个令人难以接受的譬喻要说明的是:道没有形迹,但一切有形迹的东西都是它创造的。越从低微的事物上溯求,就越能看出道的真实情况。成语"每下愈况"就出自这里。

自然界的万物之间是相互联系、相互依赖、相互转化的:"臭腐复化为神奇,神奇化为臭腐"。庄子最后把"道"归结为"在屎溺中",正是为了强调这一思想。法国的法布尔在《昆虫记》里说:"我们所谓的丑美、脏净,在大自然那里是没有意义的。大自然以污臭造就香花,用少许粪料提炼出我们赞不绝口的优质麦粒。"人们不应对"臭腐"(如"屎溺")持有偏见,没有"臭腐"的滋养,便无法生长出神奇的生命。从这一点来说,"鲜花插在牛粪上"是最得其所哉的!

物的属性不一样,其发展规律也不一样。庄子认为,水小只能浮起纸船,水大才能浮起大船。比如前面所说的展翅高飞的大鹏鸟,也需要等那海风运起,然后才能扶摇直上九万里,飞向南方。人类也是一样,每个人面临的客观条件不一样,别

人能做的,你再羡慕也没有用,因为你没有那样的条件。两个小孩跟一个画家学画,旁人对画家说,其中一个太笨,建议画家不要收。画家说,聪明的孩子就像薄锅烧水一样,烧得快;笨的孩子,就像厚锅,虽然慢一点,但终究会烧开的。各有各的条件,各有优劣而已。做你能做到的——使人生完满充实的法宝就是这么简单。生活中有许多人,不断地为自己制定各种宏大高远的目标,并为之废寝忘食。有理想并勇于去追求当然是好事,但不要好高骛远,而应踏踏实实,从最浅最近处做起。

  相对于宇宙的无限来说,人生何其短暂,但愿我们都能在天地之间得到更多的领悟,在细微之处发现深刻的哲理。也许你永远也当不上总统,成不了居里夫人,写不出张爱玲那样的文章。但你从身边做起,做你能做到的,你是父母不可替代的孝顺孩子,军队里不可缺少的勤务兵,商店里对人微笑的优秀服务员,你就是个合于自然之道的大写的、端正的"人"。

无为之为：游刃人生，顺水而为

黄梅戏《天仙配》中有这样的唱词：你耕田来我织布，你挑水来我浇园。男耕女织正是庄子的理想生活。庄子生活在动荡纷乱的社会中，他那渴望自由的心灵对那样的时代必然有很多不满。他认为做官戕害人的自然本性，不如在贫贱生活中自得其乐，其实就是对现实过于黑暗污浊的一种强烈的觉醒与反抗。正因为目睹了"螳螂捕蝉，黄雀在后"，所以他才与世无争；正因为人生有太多不自由，所以他才强调率性而为。他认为，要挽救人类的幸福，就要返回自然、归于朴素——无为！

《庄子·大宗师》中把既懂得社会发展规律又了解自然规律的人称为"真人"，"真人"处处与自然环境协调，"与天为徒"；而无视自然规律、随心所欲、一意孤行的人，是"与人为徒"，这种人是注定要失败的，最终逃不脱大自然的惩罚。庄子超越了任何知识体系和意识形态的限制，站在人生边上来

反思人生,他的哲学是一种生命的哲学。

山林中的野鸡

山林中的野鸡求食不易,走十步才找到一条虫,走一百步才找到一口水,但它还是不愿意被关到有水有食物的笼子里。虽然在笼子里身体不再劳累,也没有了其他动物的威胁,更不用担心风雨雷电的突袭,而且不愁吃喝,羽毛光亮,但终不比野外自由。《庄子·养生主》中的这个故事告诉我们,真正懂得养生的人,不会因为追求物欲的享受,而付出自由的代价。

庄子主张顺从天道,摒弃"人为",过滤人性中那些"伪"的杂质。在庄子看来,真正的生活是自然而然的,因此不需要教导什么,规定什么,而是要忘掉成心、机心与分别心。

我们都经历过孩提时代,那时候饿了就哭,吃饱了不闹,绝无贪求的欲望;爱父母,亲同伴,厌恶大灰狼,绝无虚饰和矫情;瞪大眼睛看世界,不懂即问,不会即学,全无功名利禄之念。这一切都是一种自然天性。我们常说,一个人最快乐的时候是小时候。小孩子快乐的原因并非没有难过的事,而是因为小孩子能及时把痛苦放开。成年人严肃而患得患失,常常感到心灵的沉重。孩童没有控制世界的非分之想,没有驾驭别人的野心,没有对声名权势的热衷,也没有害怕失败的恐惧焦虑,他们的快乐是真正无所挂碍的自然快乐。

可在成长的过程中,一次次挫折和摔打却使我们渐渐失去了儿童的淳朴和天真。我们害怕贫穷，因而我们不再以满足自身需求为度，有了奢望；我们渴望成功，因而会常常恐惧失败而无法随心任意；慢慢学会了不动声色，硬起心肠。我们常常为功名、利禄、权势、地位这些人造的幻象所欺骗，甚而甘受它们驱遣，我们失落了自己的本真，同时也失去了无所挂碍的自然快乐。

清代诗人龚自珍写过一篇《病梅馆记》，说人们将梅树枝条扭曲，追求的是一种病态的美。原来在"文人画士"的心目中，梅花"以曲为美""以疏为美"。但他们自己又不便对种梅的人直言，于是就暗通关节，让第三者来转告花农，让花农们把梅树的主枝砍掉，养其旁枝，再把直的枝条弄弯，以投"文人画士孤癖之隐"。因为这样，弄得"江浙之梅皆病"了。作者面对所购置的三百盆病梅，足足哭了三天，决心要为梅疗伤，并愿尽毕生的精力来治疗江浙一带大量的病梅。龚自珍对梅树的爱，正体现了庄子无为、自然的精神。

"唯大英雄能本色，是真名士自风流"，一切最美好的都是最真挚的。许多伟大的艺术家都曾以童真之心创作出美丽多彩的作品，像柴可夫斯基的"胡桃夹子组曲"、德彪西的"儿童天地"，等等，都表达了孩子们的幻想，这些大艺术家的心充满了纯净天然！只有能保持自己自然天性的人，才是精神的伟人，才是永远快乐的人。这样的人心中有超然的大智慧，又有一双正视现实的明亮眼睛；这样的人也不惧怕清贫，他安贫乐道，肉体消瘦，精神充溢；这样的人是参悟了自然之道，人

生之道,返璞归真,也是最能享受人生的人。

在中国知识分子的心目中,庄子的哲学是最贴合他们内心深处隐微部分的。在儒家的规矩严整与佛家的禁欲严苛之间,庄子给中国的知识分子提供了一块可以自由呼吸的空间,它是率性的、顺应自然的、反对人为束缚的。我国古代文人对退隐生活总是情有独钟,因为他们了解,恬淡实在是人生的另一胜境,只有真正有智慧有胸襟的人才能享得这份恬淡。阮籍、陶渊明、李白、曹雪芹等人,都是这样的智者。

假使世外有一双无形的眼睛,俯视人间的财货名利之争,看见人们把这些当作欣赏与拥有,甚至为了私利与私欲,对美好的大自然横加伤掳,而看不到整个宇宙的奥秘神奇,那它将如何悲悯人们的愚昧啊!这无形的眼就是道家的眼。儒家给我们热情,引我们奋发有为;道家却给了我们境界,教我们超然。这种淡泊与超逸使人胸襟宏大。尽管置身红尘中,却能时刻腾身出来,站在红尘之外看红尘。用这样的胸襟做事,才不会被私利与私荣诱惑,才能实至名归,自然而然地登上事业的高峰。

子桑悲贫

子舆和子桑是好朋友,他们都很穷。有一次,下了十几天的雨,子舆心想:子桑怕是饿出病来了吧?就带了饭去看他。子舆踏着泥泞走到子桑家门口,听见破屋里传出歌哭之声,是子桑正在吟唱。子舆推门进去,说:"为什么唱这样的歌!"

子桑说:"是什么让我陷入这样的绝境?想来想去也想不出答案呀。父母难道愿意我一生受穷吗?我能责怪父母吗?天地无私,难道偏要我特别地承受苦难?我能怨天恨地吗?那么是谁捉弄我到这地步?是命运吧?"

《庄子·大宗师》中的这个故事将人生的境遇归于命运,未免消极。庄子总是带着悲悯的眼光来看世人。

什么东西注而不满酌而不竭呢?答案很简单——人心。一个人心中的欲望是无限的,是怎么填都填不满的。反过来说,当心中满足的话,就不需要再在身外求什么了。一饮一啄均可果腹,一饭一水皆为至味。世事于人总未必如意,但如果能不卑不亢地保持自己的本色,始终用善意和正直来面对生活的光明或黑暗,那光明将会更加灿烂,黑暗也会为你坦荡的心地所照耀而逐渐变为光明。要知道,"山重水复疑无路"之后,就可能拥有"柳暗花明又一村"的转机。不论生活如何残酷,关键要相信自己,绝对不可自暴自弃。黄金之所以成为黄金,美玉之所以能成为美玉,并非全然冶炼、雕琢之功,最关键的还在于两者天然具有黄金和美玉的本质,即使掩埋于沙土之中,也难藏其光泽。

我曾在网络上读到这样一篇小品文,大意是:有这样一个盲人,小时候深为自己的缺陷而自卑,认定这是老天在惩罚他,自己这一辈子算完了。后来一位牧师开导他说:"这个世界上的每个人都是被上帝咬过一口的苹果,都是有缺陷的人。有的人缺陷比较大,是因为上帝特别喜爱他的芬芳。"他很受鼓舞,从此把失明看作是上帝对他的眷爱,开始振作起来,向命运挑战。若干年后,他成了一个著名的盲人推拿师,为许多人解除了病痛。上帝吝啬得很,绝不肯把所有的好处都给一个人:给了你美貌,就不肯给你智慧;给了你金钱,就不肯给你健康;给了你天才,就一定要搭配点苦难……当你遇到这些不如意时,不必怨天尤人,更不能自暴自弃,顶好的办法,就是像那个盲人那样去自励——我们都是被上帝咬过的苹果,只不过上帝特别喜欢我,所以咬的这一口更大罢了。

困顿时多思进取,安逸时保持真心;快乐时不忘生命的重量,痛苦时坚忍宽容。你就不再会为一时一事的得失而烦恼,生活在你面前会展开一片更为广阔的天地。每一件事都是好处与坏处的化合,最好不要凭直觉过早作出结论。一时的好与坏不值得担心,从整个人生的发展方向高瞻远瞩才是真智者。韩宣子家里变穷,谋臣叔向却要向他祝贺;刘备在刘表手下生活安定,看见自己腿上长出肥肉却潸然落泪。他们的喜乐不合常情,就是因为他们不以物质得失为重,不以眼前的好坏为评判事物的标准,而考虑更长远的影响。

所谓收获,并不只是名利的所得。有时候,放弃反而更是收获——放弃了贿赂,你就获得了清白;放弃了名利的诱惑,你就收获了恬淡的心灵。美味的食物、漂亮的异性是人人都喜爱的,庄子从未把它们当作洪水猛兽,或像佛家那样把美女比作老虎,而是坦然地承认这是人的天性。然而承认其正常,不等于任其泛滥。物质不过是生命的最基本需求,人还有更高的追求——精神。饱食终日却无所事事的人,不过是在浪费地球上的物质资料。许多人类的精神塑造者都抛开了物质享受,自己生活得清苦、清贫,却为人类的精神花园栽下了一朵朵美丽的花。爱因斯坦头发蓬乱的形象令人倍感亲切,居里夫人清瘦的面庞别具一番风韵。

而当你自以为比以前聪明,对金钱和利益不吃亏,任何机遇你都能抓住时,最要小心反省。因为你可能因为眼前的小利放弃了自己真正的兴趣与爱好,这是得不偿失的。苏格拉底的一个学生曾问他:"世界上什么东西才是最宝贵的呢?"苏格拉底埋头想了想,当时并没有直接说出答案,而是先领着这位同学访问了许多人。一路走下来,他们先后在医院中询问了一位身患疾病的富商,在斗牛场上询问了一位身体强壮但失恋不久的斗牛士,在桥下询问了一位衣衫褴褛正处于热恋中的小伙子。他们的回答各不相同,拥有财富的人渴望得到健康,拥有健康的人渴望得到爱情,拥有爱情的人渴望得到财富。但从他们的答案中,可以看出有一点是相同的,就是他们所认为最宝贵的东西,都已失去,现在并不拥有。苏格拉底最后对学生说道:"其实,世界上的许多东西都是十分宝贵的,只不过我们平常没有留心而已。"

我们不应放弃物质带给我们的舒适和快乐,拒绝物质不免有清教徒的矫情;我们更应看重精神的自由和灵魂的释放。一顿美味佳肴、一杯醇香的干红、一场好看的电影、爱人的一个充满爱意的微笑固然让我们心动,可读一本好书、听师长的谆

谆教导，在万物生长的春季沉思生命似乎能使生命更有重量。我们都是凡人，有着凡人不可逃脱的一切，但我们更羡慕思想的澄明与智慧，希望在精神家园里永远安居。

无为之境

人们往往都想要有所作为，但在庄子看来，有所作为的唯一方法就是"无为"。这听起来似乎有些矛盾，但根源却不矛盾，而且蕴含着成就大事的秘诀。

什么是"无为"呢？三国时魏人王弼说："无为"就是"顺自然"。

无为，首先是因为人世中有许多事并不是我们人力所能为的。譬如春去秋来、夏暖冬凉，譬如大江东去，都是自然规律，是人力所不能改变的。如果有人想把猫和老鼠变成朋友，想在冬天穿吊带裙，那只会被我们看作精神失常。就像春天播种庄稼、秋天果实落地，都是自然现象。如果你非要反其道行之，你徒劳的"用功""有为"，就像拔苗助长一样，不但不能加速事物朝着有益的方面变化，反而会伤害事物本身，无法得到希望的结果。

无为，还在于有许多事我们不该为。比如谎话连篇，以强凌弱，贪污受贿，不赡养父母，等等，都是没有人性、不讲良心的事情，是一个"人"不应该做的事情。这也是人和禽兽最起码的区别。一个人能正确认识自己，把握自然规律，善良正直，就一定能有所作为。"无为"在这里就讲了一个道理：事物都有其自身发展规律，只要能顺着这一规律发展就行了。

宋国有个农夫，总觉得自家禾苗长得非常慢。他等得不耐烦了，心想：怎么样才能使禾苗长得高，长很快呢？想了又想，他终于想到一个"好方法"，就是将禾苗拔高几分。经过一番辛劳后，他满意地扛锄头回家休息并向家里的人显摆："今天可把我累坏了，我帮助庄稼苗长高一大截！"他儿子跑到地里一看，禾苗全都枯死了。客观事物的发展自有它的规律，单纯靠良好的愿望和热情，很可能适得其反。

惠施对庄子说："魏王送我一种大葫芦的种子，我把它种在地里，结出的葫芦有五石的容量。用它来盛水，它的坚硬程度却不能胜任；把它锯开来做瓢，却又没有那么大的水缸可以容纳。我认为它没有什么用处，就把它砸碎了。"庄子说："这是你不会使用大的东西啊！宋国有一个人，善于调配不冻裂手的药物，他家世世代代以漂丝絮为业。有个外地人听说了，愿意出百金的高价收买他的药方。于是，他集合全家人来商量说，'我家世世代代以漂丝絮为业，所得不过数金；现今卖出这个药方，立刻可得百金，我看还是卖了吧'。这位外地人得了这个药方，就去游说吴王。当时正好越国来攻打吴国，吴王就派他为将，率兵在冬天跟越国水战。因为他有不冻裂手的药，给士兵涂上，士兵在水战中就不会冻伤手了，能灵活地运用兵器，士兵们就越战越勇，打败了越国。吴王非常高兴，划分了许多土地封赏给他。同是一个不冻裂手的药方，有人因此封官加爵，

有人却只是用来漂洗丝絮,这就是使用方法的不同。现在你有五石容量的大葫芦,为什么就没想到把它系在腰上,利用它的浮力,遨游于江湖之上,那该多么自在、快乐啊!你只是愁它大得无处容纳,可见你的心如茅塞一般没有开通啊!"

《庄子·逍遥游》中的这段经典对话揭示:世上没有无用之物,一切都有用处,关键在于你能不能顺着它自然的天性来运用它。《圣经》里的魔鬼撒旦是个大坏蛋,但它也有用处,因为他可以测试出一个人可信任的程度和爱的真伪。所以尽管他作恶很多,上帝依然让他存在着。

用"无为"定位人的品性,就是质朴。质朴是人的一种禀赋,是一种由内及外的美好品性。衣着修饰的质朴,往往别有一种美韵,尤其在浮华成为一种时尚的时候。莫洛亚说过:"拒绝一致性的浮华时尚,倒也是一种标新立异,最朴素的往往最亮丽,最简单的往往最时髦,素妆淡抹常常胜过浓妆艳服。"即使自己的服饰不美,与衣着华丽的人站在一起也应心地坦然,因为心灵的美、品德的端正才是人身上最闪光的地方,你已拥有这些,又何须自卑呢?

但是,另一方面衣饰之类的素朴,并非是判定一个人禀赋质朴的可靠标志。违反人爱美的天性,拂逆自己的性情,只是出于某种意念和精明的打算,而蓄意的艰苦朴素,这种人的内心其实并不质朴。灰姑娘穿上华丽的公主裙装,并没有消弭她内心的质朴;她的质朴和丽服相辉映,前者使后者更显示出一种清纯的高雅。而"伪君子"达尔杜弗(《伪君子》中的人物)

即使套上最朴素的衣衫，也不会返璞归真。质朴的天性能使人处贫贱也从容，处富贵也坦然。高贵的地位、流传千古的文章、花不完的钱财是人人向往的，可又都是身外之物，不能靠这些东西来做人立世。

顺水而为

老庄在体道悟道时常常说到"水"。水与母亲、大地、婴儿同是道家哲学所极力推崇的至道与至善的象征。老子在他的《道德经》中就有关于水的喻写："上善若水。水善利万物而不争，处众人之所恶，故几于道。"有道德的上善之人，就像水一样，善于利养万物而不与万物相争，所以最接近于道。而庄子更喜欢从游水中体悟他的逍遥游境界，《庄子·达生》篇中讲过一个孔子与水的故事：

一次，孔子带着他的几个学生到吕梁游览观赏美妙的大自然景色。只见那吕梁的瀑布飞流而下，溅起的水珠泡沫直达四十余里以外。在这里，就连鼋鱼一类的水族动物都不敢游玩出没。然而，孔子却突然发现一个汉子跳入水中。孔子大吃一惊，以为这个汉子有什么伤心事欲寻短见，于是，他立即叫自己的学生顺着水流赶去救那人。不料，那汉子在游了几百步的地方却又露出了水面，上得岸来，披着头发唱着歌，在堤岸边悠然地走着。

孔子赶上前去诚恳地问他："请问，您游水有什么秘诀吗？"

那汉子爽快地一笑说:"没有,我只不过是出于本性,顺其自然罢了。我能顺着旋涡一直潜到水底,又能随着旋涡的翻流而露出水面,完全顺着水流的规律而不以自己的生死得失左右自己的行为,这就是我游水游得好的原因。"孔子又问:"什么叫作出于本性,顺应自然呢?"汉子回答:"如果我生在丘陵,我就去适应山地的生活环境,如果长在水边则去适应水边的生活环境,这叫作出自天性。不是有意地去做却自然而然地这样做了,这就叫顺应自然。"

这们吕梁汉子之所以能在"悬水三十仞,流沫四十里"的急流中畅游无碍,是因为自己与水浑然一体,水已经成为自己的一部分,达到了与自然浑然一体的境界。这种境界即"道"的境界,也就是逍遥游的境界。像吕梁汉子这样的擅泳者,今天也不乏其人。在黑龙江省的镜泊湖上,有一个湍急的瀑布,瀑布下是深冷的水潭。但那里却有一个著名的表演项目——瀑布跳水。当时围观的有上千人,每每看见表演者纵身跳入瀑布下的深潭时,大家都如孔子见吕梁丈人般惊呼惊叹。

人生如沧海,每个人行走一趟,风雨难免、激流难免。如果能学习吕梁汉子的顺水而为,就能在激荡的人生中游刃有余。

在庄子的启发下,让我们也一起顺着事物的自然天性了解事物、把握事物吧。

摒弃红尘的喧杂,让心灵宁静。当心灵敞开窗口的时候,自然才是可亲近的。这时从玻璃上反射着滑落的一抹夕阳,几滴钻入窗隙的雨珠，一只在树尖上欢叫着的麻雀，甚至墙缝中的几丝杂草，都能成为不是风景的"风景"。它们以单纯的姿态打动你，使你惊异于自然的和平、宁静。它们没有外在于人的观赏距离，或说，它们都是充满灵性的，就栖息于你心灵的窗下。你难道不想静下心来倾听它们无言的诉说吗？

只有宁静而聪慧的心灵，才能感知到这个世界上在不经意间忽略的美好。当你声名日盛，金钱愈多，恋情正浓，或被生活中的种种琐碎牵扯得疲于奔命时，别忘了找一点儿空闲，让心灵宁静，体悟自然，顺自然而为吧。

第二章 破茧成蝶：自我超越的向往

第三章
逍遥游：走出心灵的樊笼

"逍遥"二字,犹如庄子人生哲学的题解,古往今来凡是痴迷庄子思想的人,无不醉心于《逍遥游》。然而,"逍遥游"只是一种境界,境由心造,要想达到"逍遥游"的境界,就要摆脱名缰利锁,超越现实的局限性,有一个淡薄的心态。自从庄子写了《逍遥游》后,"逍遥"一词就成了常用语,轻松自在时我们常说自己快乐逍遥。庄子创建的这个别具一格的"精神乐园",为中国人在疲惫的生活中提供了一个休憩之所。

在《逍遥游》一文中,庄子一开始就说出了一种超出我们常识所及的大鱼及大鸟:

北冥有鱼,其名为鲲。鲲之大,不知其几千里也。化而为鸟,其名为鹏。鹏之背,不知几千里也。怒而飞,其翼若垂天之云。是鸟也,海运则将徙于南冥。南冥者,天池也。

我们首先惊讶于庄子超出寻常的想象力。在庄子的笔下,"鲲"不知有几千里之大,一变而为"鹏",鹏的背不知几千里之长,它的羽翼遮天蔽日。大鹏奋起南飞，击水起浪三千里，扶摇直上九万里的高空。而且它一旦升空就会一直飞个不停，要六个月后才会停下休息。这是何等宏大的气魄，出手就气吞万里！庄子描画这种大鲲鹏的目的，就是要把我们的视野拉出日常生活之外，去追寻心灵更高境界的存在。

庄子的"逍遥游"具有无法言说的精神魅力，那种优游自在、徜徉自得的心境，让生活在压力与责任中的人们有像大鹏鸟一样展翅高飞的渴望。这再次使我们想到儒道两家对中国人的不同影响。如果说儒家使中国人踏实、进取、理性、有为的话，那么道家则塑造了中国人的从容不迫和悠闲适意。庄子就如惠施种出的那个巨大无比的葫芦，在功利、世俗的眼中虽一无用处，但随时等待着有心人把它系于腰间，逍遥于江湖之上。

北冥有鱼：跳出三界看人生

庄子赞赏的，是像北冥中的大鱼一样一跃变为大鹏鸟，飞到九万里的高空之上，俯视人间。从那样一个高度看地面上的山川百物，实在是非常渺小的，渺小得就像光影中飞舞的灰尘。乘坐飞机时，人们往往喜欢靠窗的座位，虽然没有大鹏鸟所飞的高度，只是万米而已，但低头看着白云从身下飘过，河流如系在颈间的丝巾，高楼大厦像火柴盒，是否会平添几许清醒，因而活得更踏实紧凑了呢？人这一生，说简单也简单，说复杂也复杂。复杂与简单，只是对人生理解的角度不同而已。我们从出生起，都要经历婴、幼、少、青、壮、老六个阶段，学走路、学说话、拼命读书、认真工作、谨慎处世，再到恋爱、结婚、生子、奉养老人，真是忙得不亦乐乎，所承担的人生角色也是复杂交错，怎一个"忙"字了得！跳出三界看人生，人生其实也简单，就是"生、死、上、下"四个字而已。生即生存、生活、生长；死即结束、终止。在生命存续的状态下，人的一生就活动在上、下两字之间。人生好像攀登高山，非上即下，上不去了就得下。可这一个"下"字，谁又能从容？

不如学学庄子，站在红尘之外观照红尘，积蓄力量，等待时机，超越自己！只要我们心中充满光明，哪怕如夸父逐日般注定不能成功，也会欣慰地说："我努力过了，我就是强者。"

大鹏展翅的气魄

按庄子的相对理论来看，大与小，都是相对的——再大的东西，只要你心胸广阔，便也容纳得下，"比天空更广阔的是人的胸怀"！反之，再微小的东西，如果你耿耿于怀，也无法包容。

在《庄子·逍遥游》中，鲲是一条生活在北冥之中的硕大无比的大鱼，鹏就是由鲲变成的一只巨鸟，与鲲一样，鹏也是个庞然大物，它背若泰山，"翼若垂天之云"！鲲鹏的活动空间更是一个广阔无比的世界，庄子没有说北冥有多大，但既然一条鱼就"不知其几千里"，水面的浩大是不难想象的。对比到人生，我们能否自我反省：是否忽略了一些重要的东西而陷于无事忙的地步呢？庄子要借大鹏鸟超越人世的高度，让我们在视野上有一个提升——人的活动只有从以自我为中心的局限性中超拔出来，摆脱柴米油盐、情欲、功名的束缚，才能使精神体验到鲲鹏所置身的辽阔无比的世界，从而达到超越现实的逍

遥游境界。

　　生活中总听到有人这样感叹："唉，我没有能力，我做不到呀！"其实，有没有能力并不是成功的最重要因素，关键还在于你是否为自己理想的实现做了应有的努力。琐碎而舒适的现实生活容易让人沉溺，总替自己开脱：等以后再做吧。时间就在这开脱中流逝了。理想的实现不仅要有过人的才华，更要有过人的勇气和付出。著名作家二月河四十岁后才开始文学创作，当别人高朋满座，谈笑风生时，他却选择了寂寞的写作。四十岁，是一个男人该享受成功的时候，他却开始向着梦想努力，最终他超越了自己，写出了一部又一部帝王系列的长篇小说：《康熙大帝》《雍正皇帝》《乾隆皇帝》。

　　从鲲、鹏的描写，庄子展示了一个广阔的天地，将人类在思想上的追求提升到无穷，由水中游弋的大鱼，到展翅高飞的大鹏和遥远的广阔的南冥，象征的是境界的上升，从现实中超拔而起，另外开辟一个飞扬活跃的精神层面。这种"大鹏展翅"的精神对中国文化影响深远，古往今来，人们起名字都喜欢用它来寄寓对孩子远大前程的祝福，叫"图南""冥跃""鹏举""鹏程""大鹏"的，也不知有多少人。比如岳飞，名"飞"，字"鹏举"，就是取自大鹏鸟展翅高飞之意。自庄子写了这篇文章之后，古人有亲友中举、做官，今人有亲友出国留学、考上公务员的，我们都祝他"鹏程万里"。"鹏程万里"已经成为一个成语，存留在今天的日常生活中。大鹏鸟更成了古代知识分子象征超越的精神图腾，王勃《滕王阁序》中的"北海虽赊，扶摇可接"，即出于此。李白更是对庄子笔下的大鹏鸟情有独钟，二十五岁时，他写了一篇《大鹏赋》。在这篇赋中，年轻的李白以大鹏自比，用激昂的笔触抒发了自己的非凡抱负。后来李白在长安官场失意，被唐玄宗"赐金放还"之后，也没有心灰意懒，大鹏的形象仍然活跃在他的诗歌创作中，最有名的是在《上李邕》中的句子，"大鹏一日同风起，扶摇直上九万里。假令风歇时下来，犹能簸却沧溟水"。到了晚年，临终之际，他还在高歌"大鹏飞兮振八裔"（《临路歌》）。李白去世后，他的族叔李阳冰编辑李白诗文，成《草堂集》十卷，特地将《大鹏赋》放在开卷第一篇，我想，这正是合乎了李白的心愿。

沧海一粟的清醒

苏轼《前赤壁赋》中有这样的句子："寄蜉蝣于天地，渺沧海之一粟。"因为这句话，"沧海一粟"这个成语很多人都以为是苏轼的原创。其实，这个大气魄、大见识来自《庄子·秋水》篇，在我们讲过的河伯与海若的对话中。

河伯十分佩服大海的广袤无垠，可海若却说："我不敢自大啊，四海如果放在天地之间，不就像一个小小的蚂蚁洞放在大湖中了吗？而中国在四海之内，不就像一粒米放在大粮仓中了吗？"

人首先要认识到自己不过是沧海一粟，才能不自大，才能踏实地在人生道路上前行。如果能把人生的种种磨难都当作沧

海一粟,不就很容易看开,很容易快乐了吗?

读《庄子》一书,有"登泰山而小天下"的感觉,在他的眼里,凡夫俗子就像一窝叽叽喳喳、吃小虫子的麻雀,官僚们则有如一群因分不清"朝三暮四"和"朝四暮三"而争吵不休的猴子,国与国之间的争战就是蜗牛角上的瞎忙活。他书中那大鹏展翅的气魄、沧海一粟的清醒,以及井底之蛙的快乐,你会觉得他简直是千古第一智者,通透、聪慧、超拔,在人类历史的时空中,"独与天地精神往来"(《庄子·天下》)。

北宋的苏轼因反对王安石变法,被贬至黄州,这是苏轼政治上失意、行动上不自由、生活困窘的时期。他在黄州(今湖北黄冈)先后写了两篇《赤壁赋》,感叹世事的变化。从对当年"赤壁之战"中英雄豪杰们的认同,联想到他们生命的流逝,深切地感到豪杰们的命运便是他自己,乃至是整个人类的命运。人只是历史大海中的一粒粟米,微乎其微。所以应当看淡荣辱,得一片真正的心灵风光。看来苏轼也是庄子的一个"粉丝"啊。

诗僧佛印经常和苏轼一道游山玩水,吟诗作对,两人常常妙语如珠,均不乏幽默机智。一日,他们到一座寺院游览,走进前殿,看见两尊神态威猛的金刚神像,苏轼问道:"这两尊金刚,哪一尊重要呢?"佛印随口答道:"自然是拳头较大的那一尊啊。"两人又漫步到后殿,看到观音手持念珠,苏轼又问:"观音既是菩萨,为什么还要数手里的那串念珠呢?"佛印说:"噢,她也像凡人一样祷告呀。"苏轼问:"她向谁祷告呢?"佛印笑答:"咦,她向观音菩萨祷告呀。"苏轼觉得很有趣,又问:"她自己便是观音菩萨,为什么要向自己祷告呢?"佛印忍俊不禁,笑笑说:"这是求人不如求己嘛!"于是两人一同大笑起来。

每个人的幸福都掌握在自己手里,善良、宽容、坚强、乐观,你就会幸福。世界是一面镜子,你对它皱眉,它就对你皱眉;你对它微笑,它就对你微笑。幸福不是某种具体的物质,而是一种感觉。使你不幸的,只有你自己,而不会是什么别的人。命运从某种意义上来说就是性格。即使面对幸福,悲观的人也会悲观地说:好花易衰,美景易逝。就算面对灾难,乐观坚强的人也能坦然笑对,在心里鼓励自己:人生哪能没有坎坎坷坷,但总有一天会好的。人生何其短,我们都只是时间长河中的一个小水泡。

巧论三剑说人生

战国时期,赵文王特别喜欢剑术。投其所好的剑士们纷纷前来献技,以至宫门左右的剑士达三千多人。他们日夜在赵文王面前相互拼杀。每年为此死伤的人,数以百计,赵文王却以此为乐。于是,民间尚剑之风大盛,侠客蜂起,游手好闲之徒日众,耕田之人日减,田园荒芜,国力渐衰,其他诸侯国也意欲趁此机会攻打赵国。

太子赵悝为此忧虑不已,召集左右大臣商量道:"如此下去,必将为别国所制。有谁既能取悦大王,又能制止剑士相斗,

我就赏赐给他千金。"左右异口同声地说:"庄子可以担此重任。"太子问:"庄子是什么人?"一大臣答:"庄子是个隐士,但其才能足可以经邦纬国,其言辞足可以起死回生。如能请他前来,定能既顺大王之意,又能救民于水火。"于是,太子便派使者带上千金去请庄子。

庄子见了使者,听明来意,说道:"此事何难,竟值千金之赏?"坚辞不收千金,与使者一道去见太子,说:"听说太子想要用我绝弃大王的癖好。倘若我劝大王而拂逆了大王的心意,则在下有负太子,我会受刑而死,要千金何用?假使我既能讨得大王的欢心,又能使太子称心,我在赵国要什么得不到呢?"三天后,太子带庄子去见赵文王。那时赵文王所见的剑士,都是蓬头突鬓络腮胡子,穿着没有襟摆的上衣,于是庄子也穿了剑服去见赵文王。文王长剑出鞘,白刃相待,庄子气宇轩昂,毫无惧色。赵王道:"太子介绍您来,您要以什么教给寡人?"庄子道:"臣听说大王好剑,所以特以剑术拜见大王。"王说:"您的剑术有何特长?"庄子说,"我的剑锋利无比,我的剑技天下无双,十步杀一人,行走千里也没有人能阻挡。"文王听了,大为欣赏,赞道:"那先生可谓天下无敌了!先生且休息几天,在馆舍待命,等我安排好后,再请先生献技比剑。"

于是,赵文王以比剑选择高手,连赛七天,死伤者六十余人,得五六位佼佼者,便让他们持剑恭候于殿下,来与庄子一决雌雄。庄子欣然前来,赵文王下令:"这几人都是剑客中的高手,望您大显身手,一试锋芒。"庄子答道:"盼望好久了!"

赵文王问："不知先生要持什么样的剑？长短何如？"庄子答："臣持什么剑都可以。不过臣有三剑，请大王挑选。"文王点头，道："愿闻三剑之详？"庄子道："这三剑分别是：天子之剑、诸侯之剑、庶人之剑。"文王好奇地问："天子之剑如何？"庄子道："天子之剑是以燕溪、石城为剑锋，齐国、泰山为剑刃，以晋、卫两国为剑背，以周、宋两国为剑环，以韩、魏两国为剑柄，包以四夷，裹以四时，绕以渤海，系以恒山，制以五行，论以刑德，开以阴阳，持以春夏，行以秋冬。此剑一出，能匡正诸侯，威加四海，德服天下。这就是我所说的天子之剑。"

文王听后，若有所思。又问："诸侯之剑如何？"庄子道："诸侯之剑，以智勇之士为剑锋，以清廉之士为剑刃，以贤良之士为剑背，以忠圣之士为剑环，以豪杰之士为剑柄。此剑一出，雷霆震动，四海之内，无不臣服而听从君命。此乃诸侯之剑也。"文王听了，频频点头。

文王接着问："庶人之剑又如何？"庄子道："庶人之剑，是蓬头突鬓络腮胡子那些人所拿的。他们双眼怒光闪闪，出语粗俗不堪，在大王面前互相攻击，上斩脖颈，下刺肝肺。庶人比剑，无异于斗鸡，一旦不慎，命丧黄泉，于国事无补。今大王坐天子之位却好庶人之剑，我真为大王感到遗憾！"赵文王听了，沉思良久。自从听了庄子畅论三剑后，他三个月未出宫门。自此一心治理国家。那些剑士自觉再无出头之日，个个心怀忧惧，不久都纷纷自杀或逃散了。

从《庄子·说剑》篇这番言论看，庄子确实有经邦纬国之才，三寸不烂之舌的本事还在苏秦、张仪之上。只不过他看破了人世，看破了政治，觉得政治就像小孩过家家一样，所以能跳出红尘，以更宽广的视野看待宇宙、人生。

庄子的"三剑"之论，颇具人生启示。世界上每个人都有自己的坐标、自己的定位。大多数人二十岁时都豪气冲天地想持天子之剑；三十而立之后，沉静、稳健，懂得量力而行，想持诸侯之剑；而到了五十岁知天命的年龄，了解了自己的平凡，拿的就是庶人之剑了。人生的问题其实就是选择哪种剑的问题。

任公子钓大鱼

鱼，对于庄子，是一个重要的象征，也是庄子谈"真"说"道"的一个重要媒介。《庄子》一书的开篇，就是从鱼开始的："北冥有鱼，其名为鲲。鲲之大，不知其几千里也。"庄子本人还曾多次在濮水上钓鱼，楚国的使臣来请他去做宰相他都不回头，只专注于钓鱼；惠施衣锦还乡时他也在钓鱼，看到惠施显摆的样子，他还把钓到的一桶鱼倒进了水里，只留下一条鱼；他和惠施关于鱼是否快乐的辩论更成了中国思想史上的著名辩论。

对于鱼，先秦时代的典籍多有提及：姜太公在渭水钓鱼，钓到了文王，成就了一番事业；老子借"鱼不可脱于渊"，阐发了柔弱胜刚强的道理；《诗经》中写男女情爱的言情诗中多次提到了"鱼"，闻一多先生考证"鱼"是男欢女爱的隐语；

孟子用"鱼和熊掌不可得兼",推论出"舍生取义"的人生选择；而最可笑的是《战国策·魏策》中记录的魏王的男宠龙阳君借鱼邀宠。

鱼,对先秦时期的人们来说有着丰富的文化意蕴,但上面提到的所有这些"鱼",跟庄子的"鱼"一比,都是小鱼见大鱼!

《庄子·外物》篇中,有最让人心潮激荡的一次钓鱼。

任公子这个人与众不同,他胸怀大志,为人宽厚潇洒。他钓鱼也和别人不一样,做了一个硕大无比的钓鱼钩,用很粗很结实的黑绳子把鱼钩系牢,用五十头牛作鱼饵。任公子蹲在会稽山上,投竿于东海,天天守钓,别人都嘲笑他头脑发晕,异想天开。一天过去了,一个月过去了,一年过去了,没有一条鱼上钩,他依然从容自若,不为闲言闲语所动。终于有一天,大鱼上钩了!大鱼一咬饵,动静就非同小可,它扬头摇尾地挣扎,翻滚腾跃,搅得海水激荡,白浪如山,那巨大的声响吓坏了方圆千里的人们。经过激烈的较量,任公子终于钓上了这条大鱼。他将这条大鱼剖开晾成鱼干,分给大家吃。从浙江以东到苍梧以北的人都饱餐了这种鱼肉。这时候,那些浅薄多嘴之徒才奔走相告,惊叹于任公子的才能。

庄子由此生出感慨:那些手拿小竿细绳,直奔小河、沟渠,钓到一条鲇鱼或鲫鱼就开心的人,怎么可能钓到大鱼呢?目光短浅的人难以和志向高远的人相比,浅陋无知的人也不能和经世之才相提并论,因为二者的差别实在太大了。任公子大气、洒脱,毫不在意别人的言论,专心致志,耐心等待,所以钓到了大鱼。

顺便说一句，"小说"这个词，就源自这段记述，有人把"任公子钓大鱼"当作了中国最早的传奇小说。

古今中外的许多事实表明：一个人在生活的起跑线上，选择什么目标、树立什么志向，确实关系着他的前途命运和对社会贡献的大小。只有那些立志高远、奋斗不息的人，才能以优异的成绩跑到人生的终点！诸葛亮在写给他外甥的一封信中说："夫志当存高远。"一个人伟大或渺小，都取决于这个人的志向。追求的目标越高，他的才能就发展得越快。没有生活目标和远大志向的人，只会变得懒散、听天由命，很难把握成功的契机。

庄子这个寓言告诫人们，一个人要成就一番大的事业，必须有宏大的抱负、广阔的视野，不在乎一朝一夕的得失，按照既定的目标，始终坚持下去。兴安岭的松树百年成材，所以缜密；新疆的葡萄因为日照时间长，才最甘甜。投机取巧也许会达到目的，但要知道过程本身就是一种财富，不踏踏实实做事的人是看不到的。做大事要有大气魄、大气量，一切从容安排、用心对待。就像锻炼真金，急就的人得不到有分量的成果。人生更像一场马拉松，前一百米的领先者不一定就能成为最终的优胜者。在这遥远的征途上，要有耐心、雄心、爱心、真心，才能像任公子一样，笑到最后。

"外面的世界太精彩"，人们难免会受到诱惑，面对名誉、地位、金钱以及迷人的异性，谁能不动心呢？然而，伟人之所以伟大，就在于他们具有坚强的意志力和始终清醒的头脑。正如培根所说:"伟人在节制中实现自己。"同样,假如别人对你的所为不解,甚至嘲讽、打击,你也应该像任公子那样,不为所动。只有超越了种种外在的欲望和干扰,让心灵宁静、专注,志存高远,才能在人生的道路上昂然前行。

第三章 逍遥游:走出心灵的樊笼

鼓盆而歌：解开生死的绳结

人生的最大悲哀莫过于不能控制自己的生命，因此，生与死的矛盾成为古往今来的诗人和哲学家们心系魂绕的思想主题。印度那位尊贵的释迦牟尼王子，因此出家求索；统一中国、不可一世的秦始皇，最终也没能筑就生命的长城，抱憾以终；一代枭雄曹操，面对生命的流逝，也只有徒然地悲唱"对酒当歌，人生几何"；常被人拿来与庄子作比的德国哲学家海德格尔，则认为只有死才是最根本、最无可超越的，因而提出了"向死而生"的命题。

"死亡"是哲学中一个不可回避的话题，只要思考人生，就得先反思死亡。这并不意味着人生没有意义，只有洞悉了死亡的神秘和无奈之后，人才能不再沉沦于日常琐碎生活中的得与失，才能真正珍惜人生、品味人生、享受人生。

庄子对待死亡，有一个著名的故事，就是"鼓盆而歌"（《庄子·至乐》)。庄子的妻子死了,朋友惠施前来吊唁,看见庄子叉着腿坐在地上,手拍着瓦盆在唱歌。惠施责问道:"人家与你夫妻一场,为你生子、持家,如今去世了,你不哭也就罢了,还唱歌,岂不太过分、太不近人情了吗?"庄子说:"我不是对她无情,她刚死时,我怎么会不感到悲伤呢?但仔细一思量,我才发现自己仍是凡夫俗子,不明生死之理,不通天地之道。她虽然死了,可人仍安然睡在天地这间大房子里,她再也不会有穷苦和疼痛了,我要为她庆贺!这是她的归宿,人人都有这样一个归宿,如此想来,也就不感到悲伤了。"

丽姬的哭泣

丽姬是艾地封疆守土人的女儿,貌美如花,晋国征伐丽戎时俘获了丽姬。丽姬因被俘而悲伤欲绝,泪水都浸透了衣襟。后来,她进了晋国的王宫,成为晋王的女人,穿着绫罗绸缎,佩戴着美玉和珍珠,天天有柔软的床可以睡,有四海的美味可以吃,还有晋王的百般宠爱、言听计从。丽姬这才后悔当初不该哭泣——嫁过来不是要比以前好多了么?她这才知道自己当初哭哭啼啼是多么愚蠢。

《庄子·齐物论》由此阐发:"人在活着的时候,总是害怕会死去,整日惶恐痛苦。亲人死了,就泪水涟涟,又怎么知道死了之后不像丽姬一样,会发现死后有很多乐趣呢?"

庄子看淡生死,他的生死观一如对其他事物的看法:这不

过是自然的变化,没什么好过分操心的。《庄子·养生主》还讲到了道家创始人老子:

老子死了,他的好友秦佚去吊唁,只哭了几声就出来了。老子的弟子不解地问:"您不是老师的好友么?怎么这么不悲伤?如此吊唁怎么可以?"秦佚回答:"你们的老师在该出生的时候出生,在该死去的时候就死去,这都是自然的规律,有什么好悲伤的呢?"

庄子崇尚自然,在生活上主张安时处顺,在他看来,死亡只是自然规律的一种,人的生命本是上天赐予的,而死亡则是上天收回了他的赐予。如果要在这件事情上自找痛苦、让自己悲伤,那是非常愚蠢的。

要想真正逍遥处世,除了放下名利之累,还要放下生死之累。既然生死都是必然的,与其痛苦地活着,为何不快乐一生,坦然面对死亡呢?生死之忧如果不再悬挂心头,那一直烦扰我们、束缚我们的生死绳结也就解开了,这就是自然的"悬解"。

生活中,有些人非常恐惧死亡,他们忙着锻炼身体、忙着吃营养滋补品,想尽一切办法,试图延长自己的生命。可是,如果人的一生只是为避免死亡而存在,这样的一辈子又有什么意义呢?生命从诞生之日起,就在一步步地走向死亡,再有力的手也不可能阻止这一切。所以才有"寸金难买寸光阴"之说,"莫等闲白了少年头,空悲切"的激励,也才有"明日复明日,明日何其多"的感叹。据说,有人看见古希腊七贤之一的梭伦为一死者哭泣,不解地问他:"如果哭泣不能挽回什么,那么,您又为何要如此哭泣呢?"这位贤者回答说:"就是因为它不可挽回,我才如此哭泣。"人生的旅途无论多么遥远,我们总有一天会走到尽头。哀痛、哭号无济于事,只有对生的反思和珍视才能使我们拥有的生命更有意义。面对他人生命的消失,我们的生命似乎也被敲响了警钟:多思想,少放纵;多真情,少伪善;多做多干,少汲汲于名利……生命才有价值。"死者长已矣",怎样让有限的生命更具光彩,是活着的人最应该思考的。

是否可以这样说:如果十八岁能尽情彰显生命赐予的活力;三十五岁时能坦然面对人生的美丽与逆境;四十五岁时又会不断调整自己,更加珍惜生命;六十岁时仍能欣慰地面对自己,感到从未错过人生的每一个驿站。那么,我们就可以说:我们真正地生活过了!

骷髅自得其乐

生命是我们在这世间暂时借用的一个躯壳,你和这躯壳所拥有的一切,最终都会像水一样蒸发,像河流一样远走,像梦一样无可追寻。你珍惜或是挥霍,都不足以改变这个结局。庄子说:"天地赋予形体来使我有所寄托,赋予生命来使我疲劳,赋予暮年来使我享受清闲,赋予死亡来使我安息。生死、形体、劳役、安息都是天地赋予人类的,是自然的造化。"庄子也在目击死亡中,体会着生与死的轮回。

庄子一次外出到楚国,极目四野,看到的是一片兵荒马乱后的荒凉。夕阳西下,庄子走到一棵枯藤缠绕的老树下,惊起树上栖息的几只乌鸦。他把马拴好后,想找块石头坐下休息,忽然看见草丛中露出的一个骷髅头。庄子走过去,用马鞭敲了敲,问道:"先生是因贪图享乐,放纵情欲,做了违法乱纪的事情而落到这个地步的吗?还是国破家亡,为刀斧所伤而落到这个地步的呢?要不就是因有不善之行,愧对父母妻子而自杀的吧?抑或是因为遇到冻饿的灾难,客死他乡呢?"说完,庄子拿过骷髅枕着,一会儿就睡着了。半夜,骷髅托梦说:"刚才你的言论像是个辩士。你说的那些话,都是活人的拖累,死后就没有这些烦恼了,你想听听死后的快乐吗?"庄子说,"想啊!"骷髅说:"人死以后,没有君臣的分别,没有春夏秋冬的更替,每日里舒舒服服地和天地在一起,天地的一切就是我的一切。所以,根本就不用贪生怕死,即使是南面为王的快乐,也比不上啊!"

鲁迅在《故事新编》中,以《庄子·至乐》篇中庄子与骷髅的对话为蓝本,编了一出舞台剧《起死》。剧中,庄子和被他还魂的死尸为了衣服纠缠不清,还求助巡警,故事十分幽默。这是鲁迅借庄子对生与死的一次漫画解说,鲁迅也是庄子的知音啊。

如果说"鼓盆而歌"反映的是对死亡要顺其自然的态度。生前还有种种羁绊,而死后则无拘无束,与自然融为一体。这种快乐在庄子看来就算是南面称王也比不上。庄子借骷髅之口描述了生命的累和苦，而死则是对肉体和精神的双重负担的解脱。

庄子告诉我们：生、老、病、死只是一个自然的过程，就像四时更替一样不可抗拒。人留恋生命而畏惧死亡，必然带来精神的痛苦，这种痛苦被庄子称为"遁天之刑"（《庄子·养生主》），即逃避自然变化而受到刑罚。《庄子·至乐》中还曾讲到能御风而行的列子对于死亡的达观态度。

有一次列子出差，旅途劳顿，就在路边做饭。随行的人拾柴回来说："我在蓬草中发现了死人。"列子过去一看，原来是一具骷髅，不知道这人已死去多少年了。列子指着骷髅说，只有我和这具枯骨才知道：人是不曾有生，不曾有死的，死果真悲愁吗？生果真欢喜吗？

如果能够看轻生死，不为其扰，就能从人生的痛苦与束缚中解脱出来，获得心灵的自由与快乐。德国浪漫主义诗人诺瓦利斯认为："哲学是怀着乡愁的冲动去寻找精神的家园。"借用他的说法，死亡不也是怀着乡愁的冲动去返回精神家园吗？每个人都会以各种方式拒绝死亡，甚至拒绝谈及死亡。但是，作为一种真实的客观存在，死亡又是人类永远无法逃避和超越的。一旦死神逼近，任何存在都变得毫无价值。然而，这并不意味着人类就此放弃了对生的热爱和把握。恰恰相反，死亡的力量越是强大，越能引起人类对生命本质更深刻的关注。

庄子不贵生贱死，但也不轻生，不去刻意追求死亡，那将同样有悖自然之理。他希望的是，人们能抛开心中的生死之思，自在逍遥地活着。

/庄子：站在人生边上/

自然的造化

在庄子的自然哲学中，生命的出现和存在只是万物变化流转当中的一个环节，这个环节和其他环节一样，都有同样的价值，所以生、老、病、死都有它的价值。《庄子·内篇·大宗师》中记载了四位朋友关于生死的对话，颇耐人寻味。

一天，子祀、子舆、子犁、子来四人在一起闲聊，说："谁能够把无当作头，把生当作脊柱，把死作为尾；谁能够通晓生死存亡浑然一体的道理，我们就可以跟他交朋友。"四个人相视而笑，心心相印，无须多言，就成了精神相通的朋友。

一次子舆病了，病得很严重，整个人严重变形，腰弯背驼，肩膀高过头顶，脊椎朝天隆起，面颊佝偻到肚脐下面，背上还有五个大疮洞。别人都为他担忧，可他却若无其事，悠然自得。他在井水中看到自己这副模样，便说："伟大的造物主啊，真是你神奇的力量把我蜷缩成这样的吗？"他毫不抱怨。子祀来看望他，问："你嫌恶你自己吗？"子舆说："我不过是造物主的一件作品而已。如果他老人家还要修改，把我的左臂变成雄鸡，我就恭听鸡啼报晓；如果把我的右臂变成弹丸，我就挽弓打猫头鹰；如果把我的屁股变成车轮，把我的灵魂变成马匹，我就有专车乘坐了，还不必雇车夫。谁也拗不过造物主，自有人类以来便是这样的了。我恨从何来呢？我以这种心态面对得失、生死，什么欢乐悲哀都不能入攻我的精神堡垒。"

后来，子来又病了，大口喘气，快要死了。妻儿围在床前哭泣，子犁去看他，对他的妻儿说："去，走开，不必惊恐于生死的变化。"子犁肃立在床边对子来说："那掌管阴阳变化的造物主啊，他今夜会把你变成什么，把你送到哪里去呢？是要把你变成老鼠的肝脏，还是草虫的臂膀呢？"子来说："儿子对于父母，不论要到东西南北哪一个方向，都是一听吩咐便照做的。阴阳造化比父母更父母，早已安排好了我的生，也安排好了我的死。现在阳父阴母用死亡来亲爱我，我不听从，便是忤逆。他俩亲爱我，还会错吗？造物主今夜想把我变成什么，我不想选择，也不想打听，譬如现在有一个冶金的工匠在铸造器皿，那金属突然从炉子里跳出来说，'你一定要把我铸成一把宝剑'。那工匠一定认为这是一块不祥的金属。同样，我被造化成人，若得意地说，'我是人啊，我是人啊！'造物者一定认为我是一个不祥的人。现在就把天地看作是一个冶炼的熔炉，那么，造物主要如何打发我，我怎么能不顺从呢？"

子舆、子来无疑都是智者，他们明白，自己面临的最大问题并不是生病或死亡，而是要顺应自然的变化，坦然面对一切。耶稣也不能避免自己上十字架，但他知道自己会因信心复活，他果然复活了。

曾有这样一个小故事：从前有个百岁老人做寿，亲朋满座，自然有人向他请教长寿之道。老人无法推托，说："我的长寿秘诀就是不知死活。"什么是"不知死活"？就是既不知生，也不知死的意思。这当然是一种很高的人生境界，小孩子不知有死，于是活得很快乐。一旦明白人是会死的，就会整日不开

心,并且这种惶恐将伴随终生。

美国女作家乔伊斯·卡罗尔·殴茨写了一篇小说《四季》,是撷取了一个女人一生中不同年龄的四个场景来描写的。人的一生用四季来概括是多么恰切啊,每个季节都有绚烂和辉煌,也都有种种遗憾。春的朝气、夏的热烈、秋的沉稳、冬的严酷,人生如四季,昭示着自然的法则。

人生一世,欢愉少,苦日多;青春短,衰老快。人们总是担忧未来,心痛当下。到底如何才能摆脱痛苦,感受快乐?必须改变心态,坦然面对生死。热烈地活过,然后心安理得地去腐朽,化为尘土、化为老鼠的肝脏或草虫的臂膀都无不可,听凭自然的演变、安排。只要宇宙存在,我们就在以不同的形式存在着。用这种态度对待人生,不也是很畅快的事吗?

害怕死亡是对生命的无知。因为人本来就是自然的造化,而死正是人顺从和回归自然的唯一途径。我们珍惜生命,但并不苛求生命永驻。古代有许多皇帝欲求长生,或信道士的丹药,或信方士之术,却都难逃一死。长生不老不过是一种虚幻。正视死,但不怕死;重视生,更热爱生。如果我们能树立起这样的观念,那么,无疑已寻到生命的福祉了。

生死如昼夜

对于生和死,我们每个人都会有很多感触。被尊为圣人的孔子,对于生与死又有什么样的认识呢?他说:"未知生,焉知死？"（《论语·先进》）这既反映了不迷恋鬼神的理性原则，又蕴含着关心现实人生的人道主义精神。庄子对死亡的态度，跟孔子大不相同，恰恰是反其道而行。庄子在书中，两次借孔子之口，说出"死生亦大矣"（《庄子·德充符》），显示了庄子对死亡问题的重视。庄子不仅直面死亡，而且，要将生死合二为一，他说："如果生是脊背的话，那死就是臀部；生死犹如昼夜，循环往复，绵绵不绝。"

　　智慧的灵光，如飞鸟一样落在庄子的头上，他刹那间明白了生命的至理。死，一直隐藏在生之中，死去，也就意味着得到永生；生是好的，那么死也同样是好的；如果生是令人欣悦的，那么死也是令人欣悦的。或许有人会说："这是不是太消极悲观了？"不是的。至少，如果我们承认了庄子的说法，就不会觉得生命虚无，更不会惶恐于我是谁？""我向何处去？"我们可以把视野扩大、再扩大，扩大到整个宇宙。我们的生命是宇宙的一个小小分子，我们的存在过程就是宇宙精灵的舞蹈！

　　安徒生笔下那条可爱的美人鱼生活在大海的深处，她可以在海底世界里度过三百年的岁月，度过她幸福的一生。她的寿命比人类长几倍，但是却没有人类特有的"不灭的灵魂"。后来她爱上了一个王子，为了这份爱，她放弃了海里的生活，忍受着走路带来的剧痛，把自己的鱼尾变成了一双人腿，并得到了渴望已久的人类的灵魂。但那个王子却爱上了一个人间女子，小美人鱼的希望没有了。她如果想继续成为"海的女儿"，回到属于她自己的世界，就必须刺死王子，但她却没有这样做，

而是投入海中，化为泡沫。她的生与死，就像庄子所说，是生于自然又归于自然，但是她的灵魂，却在全世界孩子们的心中得到了永生！

天地是一个大熔炉，人只是这个熔炉中万千造化的一种，没有什么是值得特别高兴的。生命的死亡是物化，而不是消失。人在大自然中虽然渺小，却并非无用。人的降生虽属偶然，但每一个生命都是大自然的代言人。死亡则是我们归于自然的母体，个体无论存在与否，大自然的母体仍在运行着。

《庄子·至乐》中还讲了一则有趣的故事，说明人的生死犹如万物变化、昼夜更替：

支离叔和滑介叔一同到昆仑山上去游览，站在山的高处，俯视着昆仑山的盛景，两人无比惬意。这时，滑介叔左臂上突然长出了一个瘤子，而且越长越大。支离叔问他："您厌恶它吗？"滑介叔说："没有。我为什么厌恶？生命，只是一种假借，假借来的那个东西长出瘤子有什么关系呢？死和生就像黑夜和白昼。现在轮到了我，我为什么要厌恶呢？"

每个生命的诞生对于由无数生命组成的生命之海来说，只是多了一滴水罢了，而死亡也只是从大海里蒸发了一滴水那么简单。生命的存在过程就是"大道"的寄托，用心去体会"大道"，就能超越痛苦、超越死亡，获得自在逍遥的境界。

生命就如同一个圆，一个在物质基础上产生精神的圆。我们每天享受生命又每天失去它，我们无法增加生命的长度，只好追求它的深度。哲学家乔治·桑塔亚纳说："生和死是无法挽回的，唯有享受其间的每一段时光。让死亡的黑暗背景衬托出生命的光彩。"死是最伟大的平等，倒是生使我们沉重。因为在生中才有了伟大与平庸、崇高与卑微、英名永存与默默无闻的分野。因而我们只有选择付出与创造才能使我们有限的生命得到延伸。"立功""立德""立言"是古人观念中达到不朽的三种途径，孔子、司马迁、李白、杜甫、李世民、成吉思汗以及近现代的无数志士仁人，无不是以其执着的付出与创造，或立德，或立功，或立言，或兼而有之，使自己英名万古流芳。生命的躯体无法永存，而生命的精神却可以在不懈的努力与奉献中走向不朽。

第三章 逍遥游：走出心灵的樊笼

得意忘言:妙处不可言说

西方哲学长于理论架构和逻辑分析,而中国哲学则长于感悟,在极微小的事物中领会宇宙人生的至理,而那一瞬间的顿悟却可美至永恒!庄子的哲学就是他一系列感悟的汇聚。尽管《庄子》一书辞藻华美、想象丰富、喻示深刻,但庄子却让我们忘记了语言的功用,而用心灵去体会宇宙人生的自然运转。

在西方哲学中,语言是创立世界的魔法,《圣经·创世记》中,世界就是被上帝"说"出来的存在——"神说,要有光,就有了光"。是语言使西方人眼中的"世界"从混沌走向清晰。而"沉默""无言"于中国哲学似乎具有非凡的意义,比如,老子认为"大言不辩",庄子主张"得意忘言",甚至儒家的圣人孔子也告诉弟子子贡"予欲无言"。因为"天何言哉!四时行焉,百物生焉"。如果自然天道是沉默无言的,那么对"道"的追求也就必然是对这种沉默无言的学习和模仿。正是在这个意义上，得道的中国哲人，给世界留下的总是一副沉默深邃的面孔。

对于中国哲学来说，一方面，道的无言要求人归于沉默，另一方面，又不得不借助语言，来表现"道"。积极的沉默是不言之言，是以"不言"的姿态来形成言说的神韵，而传达无尽之意于言外。庄子就是用一个个奇思妙想的寓言传达了自己的无穷哲思。学习庄子，领会庄子，也要忘记庄子的文字，而体悟其精神。只有抛弃了语言和文字对人思想的束缚，才能获得心灵的逍遥游。

不言之言

世界上最高深的道理，如同人的最深厚的情感一样，语言文字是无法表达的，不管中文、英文、法文、日文……都没有办法表达。尼采就曾说过："语言文字只是为凡庸的事物而设。"所以"开口便俗"；歌德也曾断言："事物的真实性质非笔舌所能传达！"

语言文字如果能如实地表达人的思想，那人与人之间就不会有误会了。有一个传话游戏，十人一组，第一个人手里拿着一张纸条，上面写着一句话，他把这句话背下来，传话给第二个人，再依次传递下去，最后一个人再把这句话说出来时，已经严重走样儿了，常常会引得大家哄堂大笑。《吕氏春秋·察传》讲了一个古代版的传话故事：

宋国有一户丁姓人家，家里没有井，为了灌溉和饮水的需

要,常常派出一个人到外面打水。等到他家凿了井,就告诉别人说:"我家凿井得了一个人力。"有人听了之后又传出去说,"丁家凿井,挖出一个人"。宋国人都这样说,就传到了国君的耳朵里。国君也很好奇,就派人去问丁家是怎么回事,丁家回答说,"是得一个人使唤,不是在井中挖到一个人。"

丁家人凿了井之后,不用再派人外出汲水,多了一个人力干活,所以很高兴地对别人说:"吾家穿井得一人。"如果了解事情的具体情况和因果关系,就知道这只是一句普通的家常话。但是,经过口耳相传、捕风捉影之后,就变成了"丁家从井底挖出一个人来",家常话就变成传奇了。

事情经过传播往往失去最初的面貌,盲目接受只能混淆视听,所以我们不能轻信传言,一定要用事实去检验,用调查去验证,用分析推理去区别。像宋国国君一样,听到"穿井得人"的神奇传言便直接问于丁氏,自然会得到真相,也就不会闹笑话了。

对待传闻和不合理的事情要根据常情常理进行分析,或者像宋国国君一样直接问丁氏,进行实地调查,否则就容易受蒙蔽。

说话的目的是想让别人接受自己的看法、主张,说话要讲究艺术,虽然表达的内容很重要,但是时机不对也不会有好的结果。《论语》中说,孔子说话总是先看准时机,所以大家都非常喜欢听他讲话。那么,相反,如果时机不对而多嘴多舌,就会让人讥笑。

大自然赋予我们两只耳朵，却只有一张嘴。这是否是在暗示我们，只要说出知道的一半就够了？倘若我们每一个人都能少说多听，这世界也许就会减少很多误解与纷争。所以，庄子说他一辈子没有说过一句话，是让我们忘记语言的技巧，而用心去领会自然之美、宇宙之大，人生如春夏秋冬。真正的"道"是无法用语言来传达的。

著名辩士公孙龙逃跑了

庄子说"天地有大美而不言"（《庄子·知北游》），真正的宏大、广阔是不必言说也不可言说的，就像天地养育万物的恩德。反之，巧言令色则是可鄙的。

所谓"君子一言，驷马难追"，在中国人的思想观念中，恪守信用是做人最基本的道德品质。"信"字是"亻"旁加个"言"，一个人对自己说过的话负责任，就是"信"。老子说："信言不美，美言不信。"巧舌如簧，很容易使"听之者惑"，惑而不察，结果可想而知。花言巧语就像奶油蛋糕，好看好吃，要想不被诱惑也非人人都能做到。否则，古今中外也就不会有那么多小人得志、忠臣受辱的冤案了。

战国时的名辩家和纵横家都有三寸不烂之舌，可他们却常常成为庄子嘲弄的对象。

公孙龙是战国时著名的名辩家，也是个好学的人。有一次，他特意去听庄子讲"道"，听了后却迷惑不解，就向魏公子牟

问道:"我年少时就开始学习古代圣王的主张,长大以后懂得了仁义的道理。我有许多别人都没有的本事,能把事物的不同与相同混而为一,能够把不对的说成是对的,把不应认可的看作是合宜的。我能够使百家智士困惑不解,还能使众多善辩之口理屈词穷。我自以为是最为通达、聪明的了。如今我听了庄子的言谈,却感到十分茫然。不知是我的论辩比不上他呢,还是我的知识不如他呢?现在我已经没有办法再开口说话了,冒昧地向你请教其中的道理。"

魏牟靠着几案深深地叹了口气,然后又仰头朝天笑着说:"你难道没听说过那浅井里的青蛙吗?你公孙龙的才智还不足察悉庄子的思想,让你理解庄子的思想就像驱使蚊虫去背负大山,必定是不能胜任的。你的才智不足以通晓玄妙的言论,可你还去讨巧辩论,以赢得一时的胜利,这不就像是浅井里的青蛙吗?你想用论辩的思维去索求博大精深的庄子思想,就像用锥子去测量深厚的大地,不是太可笑了吗?你还是走吧!你没听说过那燕国寿陵的小子到赵国的邯郸去学习走路的事吗?他没能学会赵国人走路的优雅姿势,却忘掉了自己原来的姿势,最后只得爬着回去了。"

公孙龙听了这番话,目瞪口呆,愣了半天,落荒而逃了。

号称"天下第一辩士",因"白马非马"的命题而名满天下的公孙龙,听到庄子的高论时,突然觉得自己的能言善辩根本一无是处,所以狼狈地逃跑了。魏牟指出,公孙龙不如庄子的地方就在于他是"善辩"的,而庄子是"不辩"的。把自己的思想通过辩论强加于人，这是一种思想的霸权。有了霸权，就偏离了真理。真理没有了，光明就被隐藏起来，接受你辩论思想的人就是被你个人的黑暗蒙蔽了。公孙龙找到无数论据来证明"白马非马"，但这又有什么用呢？马就是马！

言语的胜利不等于真正的胜利，那只是语言技巧的胜利，是一种注重表面文章的做法。过于修饰言辞，像公孙龙一样，反而会忽视事物的本真，最终成为真理的局外人。庄子认为各种迷乱人心的巧说辩言都是圣哲之人所鄙夷、摒弃的。

《韩非子·外储说左上》中还讲了一个"买椟还珠"的故事来说明华丽语言的不可取。

春秋时期，楚国有个专门卖珠宝的商人，有一次，他到齐国去兜售珠宝。为了让珠宝的销路好，他特地用名贵的木材制作了精美的匣子，又用珍贵的桂、椒一类的香料把盒子熏得芳香扑鼻，再点缀上珍珠和玉石，装饰上玫瑰花纹，还用翡翠给匣子镶了边。一个郑国人见了他的匣子非常喜欢，当场付了足以买珠宝的钱，却只拿走了匣子，归还了里面更贵重的珠宝。

"买椟还珠"这则成语，今天是用来讽刺有些人只重外表而不顾实质，舍本求末。我们因此嘲笑郑国人是傻瓜，却从未反思。其实，韩非子讲这个故事是用来说明过分追求形式，会喧宾夺主，埋没内容，适得其反。过分华美的言辞往往是文浮于理，末胜于本，使人忘了内容本身，而被外在形式吸引。就像故事中卖珠宝的商人，他把装珠子的木头盒子制作得万般精

美,却使买主的注意力都被盒子吸引,珠子的价值反而被忽略了。而他真正想出售的是珠子,不是盒子。韩非子认为过度重视言辞就如同买椟还珠一样,搞不好就会喧宾夺主,忽略了真正的圣贤之道。

在这个故事之后,韩非子还借田鸠之口讲了秦伯嫁女的故事。

秦国的国君把自己的女儿嫁给晋国的公子,给她置办了丰厚的嫁妆,其中穿着华丽衣服陪嫁的小妾就有七十人。到了晋国,晋公子却只喜爱那些衣着华丽的陪嫁小妾,却不爱秦伯的女儿。

珠宝、秦伯之女都是需要突出的主要目标,盒子和妾则是为突出主要目标服务的陪衬,然而恰恰是附属品使主体的价值被忽略了。

庄子素朴、自然的思想落实到语言上就是说真话。说真话是人与人之间真诚相待、友好相处的基础,也是一个人的美好品德。从孩提时代,人们就知道《木偶奇遇记》里那个说假话的匹诺曹,鼻子会越长越长,而那个喊"狼来了"的孩子最终被狼吃掉了,"烽火戏诸侯"的周幽王也搬起石头砸了自己的脚。成年人的社会更需要真话,假如生活中的商品都以次充好,儿童乐园中的"空中飞椅"过期了却依旧开放,卖肉的人硬把死猪肉说成鲜肉,那我们的生活该是多么可怕。意大利童话作家姜尼·罗大里写过一篇《假话国历险记》。何谓"假话国"?那是一个"狗儿喵喵叫,猫儿汪汪叫"的颠倒国,是一个荒唐透顶的强盗国。国王贾科蒙内要的就是让人们忘记他的强盗出身，才把一切颠倒过来。但爱与真实、善良与正义永远都不会消失，最终假话国里的国王落水而死，无人搭救，说真话的人们重新获得了幸福的生活。

所谓"经典"是糟粕

在我们的观念中，书是知识的传承、经验的积累、智慧的聚集。可庄子眼中的书籍却和我们通常的观念大相径庭，他说："可以言论者，物之粗也；可以意致者，物之精也。"（《庄子·秋水》）认为可以说出来、写下来的东西都只是事物的表面现象。庄子在《外篇·天道》中讲了个小故事来说明这个道理。

齐桓公在堂上读书，他请的一个做车轮的师傅叫作轮扁，正在堂下砍削木材，制作车轮。轮扁问齐桓公："您读的是什么书啊？"桓公回答："是记载圣人之言的书。"轮扁又问："圣人还在吗？"桓公说："已经死了。"轮扁脱口而出："那么您所读的书不过是圣人留下的糟粕罢了。"桓公一听这话，很不高兴地说："我读书，你一个做轮子的匠人怎么能随便议论？说出道理就可以放过你，要是说不出道理就处死你！"

轮扁从容自若地说："我是从我做的事情得出这个道理的。我砍削木材制作轮子，如果轮孔砍得宽大了辐条就会因松动而不牢固；轮孔砍得小而紧，辐条因滞涩而难以楔入。只有砍削得不紧不松，轮子做得才正好。但我说不出我做轮子做得完美

的技巧，可这其中确实是有窍门在的。这窍门我不能明白地告诉我的儿子，我儿子也不能从我这里得到做轮子的经验和方法，只能是他自己心领神会。所以我已经七十岁了，还在独自做车轮。古代人和他们所不能言传的道理都死去了，那么您读的书不过就是古人留下的糟粕罢了！"

庄子认为，人间的至理就像轮扁制轮子的方法一样，只可意会不可言传，书本记录下来的不过是已经过时的东西罢了，真正精华的东西是不能用言语表达的。大道中最具神韵的部分，只能靠个人去体会。任何流于知识形式的东西，都已远离了"道"。所以，读书只是简单的咀嚼过程，之后还要经过消化和吸收去品味书香——古人思想的馨香。像庄子一样，走进书本，又走出书本，得其神韵，忘其形骸，这才是真正的读书。

韩非子对经典的态度与庄子不谋而合，《韩非子·喻老》讲了这样一个小故事来说明他对经典的态度。

王寿背着书走路，在一条大路上遇见了隐士徐冯，徐冯说："任何事情都是人为的，而人的行为要应时而作，一个智者绝不会以为世界上有一成不变的事情。书是因人的智慧而产生的，因此一个智者绝不抱着书本死读。现在你为什么要背着书走路呢？"王寿听了他的话就烧了书，并高兴得手舞足蹈。

遇事处处都要到书本上去找参考，就成了死读书。所以徐冯说："时世不同，处事的方法和原则也不同，不能把记录前人言论的书当作金科玉律。"王寿领会了他的话，烧了书之后才如释重负，手舞足蹈。

我们从出生起，头脑中便被灌进了许多思维定式。读书也是这样。前人的著述确实辉煌，我们也可以从中汲取许多有价值的东西，但更重要的是，我们要有自己的发现、自己的体会。对于读书，孟子也有自己独到的见解——"尽信书则不如无书"（《孟子·尽心下》）。无论是什么样的圣贤经典，都不能简单盲从，要有自己的理性思考。有智慧的人绝不是死读书，而是要立足于实际生活，活学活用。

不辩论的快乐

在古代，无论东方西方，都有辩论的传统。古希腊的辩论之风很盛，他们认为辩论是发现真理的最好方法。苏格拉底与梅勒土斯的雅典法庭之辩，让苏格拉底的思想彰显出熠熠光辉；柏拉图、亚里士多德、西塞罗等人，都以辩论谱写了人类文明史上不朽的哲学诗篇。而辩证法正是由此而来。在中国先秦诸子的典籍中也能看到一些精彩的辩论片段。比如，惠施和庄子的一系列辩论，公孙龙的"白马非马论"，墨子和公输班以辩论定攻城输赢，等等。但中国的哲人并不推崇辩论，认为辩论并不能证明真理。

《庄子·齐物论》中写了当时著名的名辩家惠施对于辩论的心得：

惠施口才很好，和别人辩论了一辈子。每当他辩论累了，就靠在梧桐树上休息。有一次，惠施在休息时终于悟出了不辩

论的道理，从此就不再劳神和别人辩论了。

利用自己的口才把别人驳倒，算是真正的胜利吗？如果你认为胜利了，那正是你的失败。惠施起初因辩论很开心，但后来，他终于悟到语言不过是求道的手段，而非求道的终极目的，没有必要对过程太过执著。当人们过分注重语言本身的时候，原本为了表现内在精神的语言就会成为人生的累赘。

《韩非子·难一》里有一个"自相矛盾"的故事。

楚国有个卖兵器的人，吹嘘说："我的盾很坚固，没有什么东西能刺穿它。"又吹嘘自己的矛说："我的矛很锋利，没有扎不进去的东西。"有人问他："那么，用你的矛去刺你的盾，结果会怎样呢？"那个人就不能回答了。

矛是古代尖利的刺杀武器；盾是用藤、皮、金属等坚硬质料制成的防护器具，拿在手中，用以抵挡矛等利器的伤害。矛与盾是对立存在的事物，那个楚国人所说的能刺穿所有东西的矛，与什么都刺不进去的盾，是不能同时存在的。这则寓言提醒我们，说话要讲求实际，恰如其分，说话前后不一致会闹出笑话。更重要的是，韩非子讲这个故事是为了反驳语言中不能自圆其说的那部分，韩非子把抽象的思维问题，用具体的矛与盾来表达，让人由具体到抽象，把复杂的问题简单化，使人能够接受且易于理解。现在"矛盾"一词已经是哲学术语，"自相矛盾"也成为日常生活中使用频率颇高的一个成语，这正是韩非的高明之处。

语言不能表现全部的真理，那依赖语言而发生的辩论也只是空中楼阁了。真正得"道"的高人是不需要用语言为自己辩论的,《庄子·秋水》讲了孔子被围于匡地的故事。

孔子一行路过匡地,因为孔子长得非常像曾经危害过匡人的阳虎,所以孔子一行就被匡人里三层外三层地围住了,说要杀死孔子。孔子在这种被围困且遭受逼迫的情势下,从容不迫,照常弹着琴唱着歌。子路有些不理解,便问孔子:"先生,您为什么还能这样自娱自乐呢?"孔子就对子路说:"我一生遭受的困窘太多了,这是天命所致啊!我也想求得通达,而且一直在追求,但总是办不到,这是什么缘故呢?是时机不到啊!生在尧舜的时代,天下没有困窘的人,并不是当时的人都那么智慧;生在桀纣的时代,天下没有通达自如的人,并不是当时的人都那么愚蠢。这正是时机和形势使然啊!在水里行走不躲避蛟龙,是渔父的勇气;在陆地上行走,不躲避凶猛的老虎,是猎人的勇气;雪亮的刀刃架在脖子上,却视死如归,是烈士的勇气;知道困窘是由命运主宰、通达亦有时机限制、遭遇巨大灾难而绝不畏惧,则是圣人的勇气。子路,你安静地坐下来吧,不必惧怕。我的命运有造物主主宰着,这些人是不能拿我怎么样的。"说罢孔子又继续弹琴、唱歌。过了几天,那些人知道自己认错了人,就把孔子放了。

我们设想一下,如果孔子不弹琴唱歌,反去争辩自己不是阳虎的话,那会怎么样呢?也许他早就被匡人杀掉了,因为凡是争辩的都是可疑的,至少对方心里是这么想的。

孔子在面临飞来横祸时,并没有辩说,而是保持着"仁者

不忧"的心胸,表现出"勇者不惧"的态度,从容不迫,怀着"智者不惑"的信念,最终化险为夷。庄子感叹道:"孔子可真是通达权变的至德之人啊!"

美国现代成人教育之父卡耐基有一句箴言:"永远不要与人争论。"这是因为,"要是输了,当然你就输了;如果赢了,你还是输了。为什么?因为如果你的胜利使对方的论点被攻得千疮百孔,一无是处,那又怎么样呢?你会洋洋自得。但他呢?你会使他自惭,你伤了他的自尊,他会怨恨你。"这是从人性的角度来说的。古今中外的大智者对于辩论所持的观点惊人地相似——大言不辩!

得鱼忘筌的境界

在庄子看来,"道"不是说出来的,而是靠心领神会得到的。《庄子·外物》篇云:"筌者所以在鱼,得鱼而忘筌;蹄者所以在兔,得兔而忘蹄;言者所以在意,得意而忘言。"这里的"筌"是指竹编的捕鱼工具,大腹大口小颈,有倒刺须,鱼游进去就出不来了;"蹄"是古代捉兔的工具,用以系兔脚,兔子一踩上,脚就被绊住动不了,所以称"蹄"。"得鱼忘筌"的意思是:捕到鱼之后,作为捕鱼工具的筌便已不再重要,可以丢在一边了,因为它已经完成了使命。同样,"得意而忘言"指的是:语言文字是表达思想和感情的工具,只要你能准确领会或表达出你的意思,语言的优美工巧与否也就不再重要了。

《庄子·德充符》还讲了这样一个小故事：孔子到楚国去，看到一群小猪正在吃母猪的奶，忽然母猪两眼翻白死了，小猪都惊惧地跑了。小猪爱母亲不是爱它的形体，而是爱主宰它形体的精神。母猪活着和死的时候，形体并没有改变，但是它的精神却完全不同了，所以真正代表一个人的不是形体而是精神。同样，语言也只是思想的形体，并不是思想本身。

禅宗在这一点上与庄子不谋而合。

一天，在灵山会上，大梵天王以金色婆罗花献佛，请佛说法。可是，释迦牟尼佛祖一言不发，只是用手拈婆罗花遍示与会者，从容不迫，意态安详。当时，与会的人都不能领会佛祖的意思，唯有佛的大弟子——摩诃迦叶尊者妙悟其意，只冲着佛祖微笑却不说话。于是，释迦牟尼将花交给迦叶，用以心印心之法传给他无上的法门。

释迦牟尼佛祖在大庭广众之下一言不发，拈花一笑，从容不迫，宁静安详，其中奥妙究竟何在？其实，释迦牟尼传示的，正是一种无言的心态，这种心态纯净无染，无欲无贪，怡然自得。迦叶与佛祖在灵山会上心心相印，没有任何语言，但一切尽在不言中，此时无声胜有声！

据说羚羊晚上睡觉的时候，跟普通的动物不同，它会寻找一棵树，看准了位置就奋力一跳，把它的角挂在树杈上，这样可以使整个身体悬空，别的野兽够不着它，捕猎者也找不到它的踪迹。雪峰义存禅师讲"佛法"时说："我若东说西讲，你们就会根据我的话去琢磨。我如果像羚羊那样，为躲避追踪，

每天夜里都把角挂在树上,你们向哪里去求索呢?"以此描绘禅的特点就是"无迹可循",即不是语言所能描绘的,只能用心体会。后来,这一禅理被宋代严羽《沧浪诗话》阐发为"羚羊挂角,无迹可求",成了意境超脱、不着形迹的最高艺术表现境界。

陶渊明就很会营造意在言外的诗境,他的《饮酒》诗中写道:

> 结庐在人境,而无车马喧。
> 问君何能尔?心远地自偏。
> 采菊东篱下,悠然见南山。
> 山气日夕佳,飞鸟相与还。
> 此中有真意,欲辩已忘言。

陶渊明并未多费笔墨,也没用什么华丽的辞藻,却传达了无尽之意。"心远地自偏"一句可谓尽得庄子深蕴,对后人不无启发。在今天这样一个非常喧闹的社会当中,只要我们的心远离了一些名利、物质的追求,那么心情也就会变得宁静、明朗起来。

我国古代的一些画家正是在"得意忘言"的基础上,提出了绘画理论上的"传神写照"之说,不仅诗、画如此,其他的艺术门类都把意境的有无、高下作为创作和品评的重要标准。而园林艺术由于具有诗画的综合性、三维空间的形象性,其意境内涵的显现较其他艺术门类就为更明晰，也更易于把握。《红楼梦》中的大观园就体现了先抑后扬、烘云托月的意境。一进大观园，触目所及的是一座瘦石嶙峋的假山。通过这假山的阻隔，使人产生了强烈的审美期待，走过假山，园中美景也才更悦目赏心。中国的古人构园置景，总是以立意为先，名师巧匠们对特定的人文和自然环境，先体察入微，心有所得，然后再筹划布局，剪裁景物，塑造园林特有的意境。苏州园林极好地传达了中国文化中"意境"的神韵，以小巧、自由、精致和写意称胜见长，它在有限的空间里集合文字、书画、建筑、雕刻等多种艺术，并把山光、水声、月色融入其中，创造出丰富多彩的景观，将人类对美好生活的追求表现得淋漓尽致。

庄子逍遥游的思想告诉我们：人生不被物质的世界、现实的环境迷惑、困扰，不被生欢死悲的观念束缚，才能有飞到九万里高空俯瞰人生的那一刻。我们常常在心中设下一个个樊笼：成败、得失、贫富……被这些个笼子套牢，在现实中碌碌终生，看不开生死，贪恋物质，对前人的思想人云亦云，所以只能像小斑鸠那样飞到树枝和房梁上鸣叫。逍遥游正是要把人们从自己设下的樊笼中解救出来。

其实，我们每个人心中都有一些美好的情怀，只是被生活的琐碎尘封了。禅宗有一句偈语说得好："时时勤拂拭，莫使有尘埃"。保持清醒、宽厚、真诚，不断积蕴自我的真心，就是保有了人间最可珍贵的财富，就能体会大鹏展翅翱翔的逍遥快乐。

第四章

大智若愚：简单幸福的生活

《庄子》这本书，与我们相距两千多年，再加上《庄子》里讲的都是最玄妙高深的道理，所以，庄子常常是寂寞的。在图书馆里，不经意与《庄子》相遇时，常能见到上面薄薄的灰尘。可是，一旦有心人拿起，都会因为一番精神的际会而心动——楚王曾派使臣请庄子为相，他却只拿着钓竿等待鱼儿上钩，连头也不回。宁愿活在烂泥里，也不会屈就，这也许就是得道之人的智慧吧！庄子身后的楚宫定是日日山珍海味，夜夜放歌天明，但他只注视着眼前清澈的濮水，目不转睛。

庄子心目中的理想人物是"真人"，这种人泰然自处、无拘无束、顺应自然，外表看起来就好像是一个单纯、质朴的"傻子"，这"傻"是建立在通透、智慧基础上的"傻"。庄子本是一个聪明绝顶、练达至极、勘破生死的智者，但他却推崇这种好似"傻子"一样的简单生活。只有简单，才能给人带来幸福。

弱水三千：放得下的快乐

我们的生活，时刻都在取与舍中选择，我们又总是渴望着占有，拒绝着放下。放下并非易事，需要很大的勇气，更需要很高的智慧。"弱水三千"，只取一瓢饮，其余的，为何不放下，当作它不存在呢？

《风俗通》里有这样一个故事，说有一个女孩到了结婚的年龄，有人问她："西边这家清贫，但儿子相貌俊朗、品行端正；东边这家富有，但儿子相貌丑陋，是个酒囊饭袋，你选择哪个做丈夫呢？"女孩答道："我想住在西边这家，到东边那家吃饭。"既然是选择，难免非此即彼。这个女孩未免太贪心了。

一个人只有经历了漫长的人生跋涉后，才最终明白生命的意义，生命其实并不在于获得，而在于放下。放下会使你冷静主动，放下会让你变得更有智慧、更有力量。人的一生是放下

和获得的矛盾统一体。你不可能什么都能得到,生活中应该学会放下。放下权力,你可能获得轻松;放下机遇,你可能摆脱牵累;放下已经死掉的爱情,你可能看见更适合你的芳草。所以,庄子说,要放下机心、顺应自然,才能获得快乐。

在生活中拿起来容易,放得下难。我们之所以感到重压之下的生活不快乐,其实正是人们作茧自缚,自己给自己增加了功名利禄的重负。一副著名的对联说得好:"宠辱不惊,看庭前花开花落;去留无意,望天上云卷云舒。"为人做事能视宠辱如花开花落般平常,才能不惊;视富贵、生死的来去如云卷云舒般自然,才能无意。只要你心无挂碍,什么都看得开、放得下,何愁心中没有泉水淙淙,春莺啼鸣呢?现代人如果学会"放得下",生活中就会少一分烦恼,多一分幸福。

活得很累的"聪明人"

大家常说,为人应该聪明一点儿,这里的"聪明",说穿了,就是多为自己,少为别人;甚至只为自己,不为别人。可是,这样的"聪明"人幸福吗?看看庄子笔下的"聪明人"吧。

这个世界上有这么一些人:他们争强好胜,斤斤计较,盛气凌人。就算是睡着了,也会在梦中忙着算计。这样的人一旦睡醒了更不得了,整天和别人钩心斗角,不是躲躲闪闪,就是提心吊胆。他们陷于是非之中,一有风吹草动,就像被触动了机关的器械,全身都行动着。他们就这样消耗着自己的精力,疲惫不堪，心神不宁，直到死去。

这样的人就是那些自以为聪明的人。

可是，这样的人真的聪明么？

人们为了保护自己的财物，就把财物放在箱子里，还用绳子捆得紧紧的，以为这样就能万无一失了。但是，强盗来了，会直接背着箱子跑掉，还怕你把箱子捆得不够结实呐！这样看来，人们的行为不是为强盗提供了方便吗？《庄子·胠箧》篇说，这就是世俗之人所谓的"聪明"。

生活中许多人是"聪明"的，但却缺少智慧。聪明往往是天分，而智慧则需要阅历、学识、涵养，智慧是远在聪明之上的才干。我们可以说一个孩子很聪明，却不能说他很智慧。一个充满大智慧的人是不会把自己弄得劳累不堪的。可是有些人却不懂这个道理，一天到晚都在算计着名利得失，为自己编织一张得失之网，把自己网在其中，一辈子都在里面苦苦挣扎。他用聪明束缚了自己，一点儿智慧也没有。

苏轼的诗词文章，独步北宋。但是，这样一个聪明才智冠天下的人物在喜得娇儿后，曾作诗一首："人皆养子望聪明，我被聪明误一生。惟愿孩儿愚且鲁，无灾无难到公卿。"《洗儿诗》林语堂说苏轼奢求儿子愚且鲁，还怎能到公卿；有人说这是苏轼的激愤之词，感慨自己坎坷仕途，讽刺公卿愚鲁。真心话也好，激愤之词也罢，苏轼看透了，人生的种种烦恼都是聪明才智惹的祸。

如今说自己活得累的人是越来越多了。为什么呢？也许是

因为大家都变得越来越聪明了。一个人心情压抑、沉重，很少是因为不可抗拒的逆境，多半是因为他想要的太多，患得又患失。这是被聪明所累啊。

法国电影《第八日》，讲了一个成功的商人亨利每天周旋在商业场所和形形色色的客户间。他很聪明，做这些得心应手，他的营销事业因此蒸蒸日上。但是他的个人生活却一团糟，家庭解体了，妻子带着孩子离去。亨利每晚孤独地坐在家中，黯然神伤。第二天早晨，他却还要对着镜子挤出一个职业的、聪明人的微笑，去商场继续打拼。他已经迷失在生活中！直到有一天，他遇见了弱智少年乔治。与这个单纯、快乐的傻子产生种种摩擦后，亨利的心灵受到了强烈的震撼，他抛弃自己原有的聪明、成功的"假面"，找到了丢失许久的快乐，开始追求他内心深处真正珍视的东西，而那并不是名和利。电影拍到这里，我们常人以为就是很好的启示，可以结尾了。但这个影片的妙笔就在于：乔治死了，他是从高楼上跳下来的，死因正是他开始有了思考，感受到了自己和常人的不同——他开始感到了自己的不幸！

那么究竟是弱智者的不幸，还是正常人的不幸？

人们常常看不清这点。庄子希望人们绝圣弃智，从某种意义上说，傻子已经做到了。

忘记聪明才幸福

孔子是儒家的圣人，颜回是他的高徒，儒家和道家正是入世和出世、积极和淡泊的两大代表。可庄子这个诙谐的老头儿，在自己的作品中，常常让孔子和颜回出来说话，甚至成为庄子思想的代言。

一天，颜回向他的孔老师报告说："我有点儿进步了。"孔子问他，"为什么这么说呢？"颜回说："我已经忘了礼乐了。"孔子说："不错，可是还不够。"过几天，颜回来见孔子，说："我又有进步了。"孔子问，"为什么这么说呢？"颜回答："我已经忘了仁义了。"孔子说："不错，可是还不够。"再过了几天见面，颜回报告说自己又有了进步，孔子问："为什么这么说呢？"颜回说："我已达到'坐忘'的境界了。"孔子神色为之一变，问："什么是'坐忘'？"颜回说，把身体看作不存在，把聪明才智抛弃掉，精神与大道合而为一，这就是"坐忘"。孔子听后即道，如果真是这样，那么他愿意追随在颜回的身后，也要"坐忘"！（《庄子·大宗师》）

庄子在这里为我们提供了一个达到"坐忘"的途径，就是把聪明才智抛弃掉，除去心智，返璞归真，这样才能得到真正的幸福。

在庄子的思想中，形体是精神的寄托，形体随时间而变化，但精神却可以超越时空。一旦形神相离，形体的所有牵挂与痛苦都会消逝，逍遥快乐就开始了。

看过《倚天屠龙记》的人，看到此处当会心一笑。在《倚天屠龙记》第二十四回"太极初传柔克刚"中，张三丰传授张无忌太极剑法，第一次演示完，张三丰问："都记得了没有？"

张无忌道:"已忘记了一半。"旁边的人都为张无忌担心,张三丰真人却很高兴。第二次张无忌忘记了大半。最后一次张无忌沉思半晌,抬起头来,满脸喜色,叫道:"这回我可全忘了,忘得干干净净了。"张三丰道:"不坏不坏!忘得真快。"

一看便知,小说家金庸借鉴了庄子的"坐忘"之思。忘记聪明技巧,领悟太极之道,张无忌使出的太极剑法才能以柔克刚,既能战胜对手,又给对手留下余地。这才是符合大道的做法。

喜欢返璞归真之意的不只是中国小说家,美国电影《阿甘正传》中有一个片段:心智简单的阿甘失去妻子后,无法排遣心中的痛苦,开始了漫长的跑步旅途。越来越多的正常人因为好奇或者其他理由跟在阿甘身后,队伍逐渐庞大。有一天阿甘突然停了下来,决定终止长跑。正常人开始无所适从,他们恳求、指责甚至谩骂,希望阿甘继续带他们跑下去。

那么究竟是一个"弱智"带领了正常人,还是一个正常人在领着一群"弱智"?

"弱智"者的言行在常人看来是简单甚至可笑的,然而在"弱智"者看来,那些笑他的聪明人何尝不是可笑的呢?

曾经有这样一个傻子,常站在街心边傻笑边学交通警察的姿势,挥舞手臂,维持秩序。也偶尔有不明就里的过路外地车被他唬住,停了下来,引起街边闲汉们的大笑。傻子的周围总有一圈人逗他、笑他,大家都觉得傻子可笑。可是,傻子环顾这些人,觉得这么多人愿意陪他一人玩、逗他开心,傻子也笑。

那么,究竟是傻子被周围的人逗了,还是这群人被傻子逗了?

聪明是造物主的一大恩赐，但聪明过度会反受其害。有些人总爱自作聪明，生怕被人当作傻瓜，反倒常常作茧自缚、引火烧身。人们常常自以为聪明，然而聪明有大聪明与小聪明之分。"小聪明"者，就是那种"聪明反被聪明误"的人；"大聪明"者，则是藏巧似拙的智者。有大智慧的人，从不卖弄聪明，表面上好像显得很笨。

逞能的猴子死了

"谦虚"是一种美德，这是世人公认的。《庄子·徐无鬼》篇告诫人们要放下骄傲，以一颗平常心看待自己的优点和优势。

吴王坐船在大江里游玩，来到一座猴山。山上的猴子见了吴王，吓得四散奔逃，躲进荆棘丛中，唯独有一只猴子，却洋洋得意地跳来跳去，故意在吴王面前卖弄灵巧。吴王拿起弓箭向它射去，那猴子敏捷地把飞箭接住了。吴王非常恼火，下令左右的侍从一齐放箭，结果那只猴子被射死了。

吴王回过头对他的爱臣颜不疑说："这只猴子夸耀自己的灵巧，仗恃自己的敏捷，在我面前表示骄傲，所以丢了性命。警惕呀！不要拿你的地位去向别人炫耀呀！"颜不疑回去以后，就拜贤人董梧为老师，尽力克服自己的骄气，远离美色声乐，不再抛头露面。过了三年，全国人都称誉他。

本领不可夸，智慧不可耀，锋芒常常会招来祸害，《三国演义》中的"杨修之死"就是这则寓言的写照。

"满招损,谦受益",自古皆然。谦虚的好处说起来也许太抽象,但自满的弊端却俯拾即是,"龟兔赛跑"就是由于小白兔过于骄傲自大,最后却让乌龟夺了魁。

骄傲是无知的别名,自满是智慧的尽头。夜郎人闭目塞听,自以为是天下最大的国家。其实,当时离它并不太远的汉朝,不知要大它多少倍!祢衡初见曹操,把曹营中的谋臣、勇士贬得一文不值,却吹嘘自己无可比拟。曹操当然没有收留这个目空一切的狂徒。谦虚的人,虚心而求实,深思熟虑而后发。诸葛亮本来躬耕于南阳,后受刘备三顾而出,运筹帷幄,辅佐刘备三分天下。诸葛亮能成大业,是与他"一生唯谨慎"分不开的。相反,骄傲自满是可怕的陷阱,使人不能自拔,以致招来失败的祸殃。那些满口大话,骄傲自满的人,像赵括、马谡都是因浅薄狂妄而丢命的。

由此我们更加明白了庄子推崇"大智若愚"的深蕴:"大智若愚"也就是提醒我们要谦虚、谨慎。商朝末年,商纣王通宵喝酒而忘记了当时是什么日子,问左右的人,左右的人也都不知道,就派人去问箕子。箕子对自己的随从说:"一国之君让周围的人都忘记了是什么日子,国家就很危险了。一国的人都不知道,只有我一个人知道,我也很危险了。"于是,他就推说自己也喝醉了,记不清是什么日子了。据说,周武王灭商后,箕子率五千商朝遗民东迁至朝鲜半岛,被那里的人民推举为国君,并得到了周朝的承认。这是"大智若愚"得以保全的最好例子。

值得注意的是,谦虚谨慎不等于自卑,而是实事求是、自尊、自爱、自信,才能保持清醒的头脑。谦虚还有一个前提——自然、真实。它绝对不应该与虚伪、狡诈、自卑为伍。"天不言自高,地不言自厚",那些为人类社会做出过重大贡献的科学家们,那些饮誉世界的艺术大师们,大都非常谦虚、有修养。

戒骄破满、谨慎而自知,应该成为新一代年轻人的座右铭。

庄子把自己丢了

在先秦诸子的著作中,《庄子》是极难读懂的,难读的原因在于意在言外;而庄子常常用最"平常"的话,来表达最"非常"的意思,这无疑使难读的《庄子》更加难读。比如,"吾""我"同样是第一人称代词,但是庄子却说:"吾丧我"!(《庄子·齐物论》)

"吾"、"我"在一般语境下都是可以替换使用的,但如果细加分辨,也可以发现用法上的一些小差别,"吾"既指"我、我的",也指"我们、我们的";而"我"只作自称代词,指"我,我的"。庄子用这两个几乎相同的人称代词标示了"人"的不同存在状态:"吾"是自由的,吾之所以能够自由,就在于它丢掉了世俗的、日常的"我"。这里丧失的"我",是偏执的我,是违反了天道的我。这个"我"是一切冲突甚至罪恶的根源。因为有了"我"就有了你、有了他,有了分别。人人都为"我",争执、私欲就产生了,整日里患得患失,如何安宁呢?

/庄子：站在人生边上/

　　庄子是第一个将生命意识引入哲学思考，并以此为哲学主题的哲学家。"生命"是人存在的根本。人可以有种种欲望、理想、追求，可以腰缠万贯、妻妾成群，可以权倾朝野、万人景仰，可以流芳千古，光耀门庭。但是光阴如梭，人生几何？尽管人生短促，但在名利的诱惑面前，人们往往不惜伤生求取，乃至于置生命于不顾。所以，庄子提出"吾丧我"——人要把现实世界中充满功利心的"我"忘掉，进入"无我"的境界，心灵才能真正获得逍遥！《庄子·齐物论》中形象地描述了一个达到如此境界的隐者——南郭子綦的形象。

　　一天，南郭子綦坐在案几旁，呆呆地，好像丧失了魂魄，只留下了一具躯壳。这一情景引起侍立在一旁的学生颜成子游的注意。学生大惑不解，不禁问道："先生，您这是什么样子啊？"南郭子綦说："这就是心与自然浑然为一，忘掉了自己的存在。如果连自身的存在都忘掉了，身外之事，天下烦恼，还有什么忘不掉的呢？"

　　苏轼《临江仙》云："长恨此身非我有，何时忘却营营？"对于人类来说，蚂蚁的忙碌和争斗是渺小的；对于宇宙来说，人类的喜怒哀乐同样也是渺小的。现代社会逐渐分化为两个极端，一端是不甘于困窘的贫穷者，另一端是厌倦了金钱又不断聚积财富的富有者。贫者消极、富者颓废，人们都找不到回归精神家园的道路。人们之所以处于这样的状态，就是过度以自我为中心，每个人都把自己看作主体，这种自我意识是一切祸害的根源。只有消除了自我意识，人们之间的冲突才能消失。

男女恋人分手后，常常会不自觉地产生这样的想法："我真的不甘心输给他，我一定要过得比他好！"发誓要比对方过得好，只不过是要证明对方当初的选择是错误的。如果放不下这种比较之心，证明你还没有从对方的影子里走出来。如果一直生活在别人的阴影里，哪里还会有幸福呢？生活的目的就是幸福，烦恼、占有、过度的表扬、已逝的爱情，不妨都"放下"。幸福其实很简单！

佛经里有这样一个小故事：说有一老一小两个和尚外出化缘，遇到一个女子，在河边踟蹰不前。老和尚上前问道："施主可有难处？"那女子皱眉道："这河水深浅不知，奴家欲去对岸而不得，师父可能帮我？"老和尚就背起这女子，涉水而过。过了半天，小和尚不解地问道："师父，我们是出家人，你刚才却背了那女子，这如何使得？"老和尚头也不回地往前走，说："什么女子？我早就'放下'了，为何你还没有'放下'呢？"

人世的烦恼，都是源于我们心里的放不下，或爱情，或名利，或金钱……由此可见，幸福是一种心境，是一种个人体悟。一个富翁，可能无聊空虚得直叹"穷得只剩下钱了"；一个春风得意、八面玲珑的人却直喊"活得好累"；一个情场高手，整日里依红偎翠，也会叫嚷"烦死了，别理我"！这些人的生活都有幸福的环境，却不一定有幸福的感受。只要放下俗世"我"的占有之心、功利之念，烦恼就会远离我们。无论是财富的诱惑、情感的纠葛、名利的嘉许、忧愁的缠绕、愤怒的挂心，统统都放下吧。只有放下，才能幸福、快乐。

常言道退一步海阔天空，学会放下，本身就是一种明智。人生短暂，与浩瀚的历史长河相比，世间一切恩恩怨怨，功名利禄皆为短暂的一瞬。背着包袱走一生会很辛苦，懂得放下才有快乐。而我们更该看开：一切功名成败都将离我们而去，我们不过是人世间的一个匆匆过客。抓住最本质的东西才最重要。学学庄子，忘了凡俗的自己吧。

多余的第六指：功名利禄也淡然

"洞房花烛夜，金榜题名时"，古人把结婚和博取功名看作人生的两件大事。洞房花烛人人都会经历，金榜题名却常人难得，也正因难得才被看作人生的一件大事。古往今来对之痴迷的也不知有多少，真是引无数英雄竞折腰！但庄子却对此嗤之以鼻。认为除了基本的生存条件，精美的饮食、华丽的衣饰，都是额外的物质追求。过度看重这些，人就会成为欲望的奴隶。

古今中外的一切贤哲都主张过简朴的生活，以便不为物役，保持精神的自由。孔子就曾说："不义而富且贵，于我如浮云。"（《论语·述而》）事实上，一个人为维持生存和健康所需要的物品并不多，超于此的便属奢侈品。过度的物质享乐对于人生来说，是最危险的东西。它没有牙齿，却可以吃掉你的理想；它没有双脚，却能带你走向歧途；它不是砒霜，却可以毒害你的情操、意志……享乐的生活犹如醋酸，能腐蚀灵魂的钙质，

使人坠入深渊。现代人是活得愈来愈精致了，得到了许多享受，却并不幸福；拥有许多方便，却并不自由。

当然，我们不是绝对地摒弃物质，崇尚"小国寡民"，那是一种倒退。而是说，要尽力克制一些浮躁情绪，抛却满足生命基本需求之外的欲望，更加关注心灵的完满和丰富。精神丰沛，谈吐文雅，即使穿的不是名牌，也能潇洒自如，自带一股外在浮华所不能达到的风流！

列子无功不受禄

郑国的列御寇，修德养道，人们尊称他为"列子"。他和庄子一样隐居不仕，也常常陷于贫困之中，面有菜色。《庄子》中的《让王》篇曾写过一个叫子阳的高官要送给列子一些粮食钱物，却被列子拒绝了。列子的老婆不像庄子的老婆那样甘于贫困生活，她很生气，大发雷霆，责问列子送上门来的东西为什么不要，还哭着说人家嫁给有本事的人都过得快活、安逸，就列子这个没出息的男人让她过着饥寒交迫的生活，一家子都瘦成皮包骨头了。列子也不生气，还笑着和她解释："这个人不是真正了解我，只不过听别人说起我的好话，他才给我送东西。如果哪天有人在他面前说我的坏话，他也可能加罪于我。这就是我拒绝他送东西的理由。"后来，这个叫子阳的高官为所欲为，人民起来反抗，最终被杀。列子如果当时受了馈赠，为其所用，肯定也不免于祸。列子虽然贫困，却依旧平安，道德学问芳名远播。

俗话说："端人家的碗，服人家管。"所以列子宁愿忍饥挨饿，也要坚持自己的清白、独立、自主。无论是老板还是领导，在给你升级加薪的背后，就是让你效力加班，失去自由，千古亦然！利益当前，列子淡泊而清醒，《列子》中，有这样一个小故事：

有个一心想得到黄金的齐国人，一天早晨，他起来穿好衣帽到集市上去，走到卖金子的地方，在大庭广众之下抢了金子就走。衙役抓住他问："这么多人都在这里，你为什么当众抢别人的金子？"他回答说："我拿金子的时候，看不见人，只看见金子了。"贪念使他的眼里只有金子，再也看不到其他东西，为了得到金子他不仅无畏，而且无耻，完全不顾后果。虽然说"天下熙熙，皆为利来；天下攘攘，皆为利往"，但是如果被私欲蒙住心窍，最后只能自食恶果。

财物的用处第一应该是给我们精神上带来更多的自由，第二应该是帮助我们做更多有益的事。有人为了财物而使自己成为守财奴或终生为财物去疲于奔命，如葛朗台老头，他根本没有享受到财物带给他的自由；又有人雄据资财，却不舍得拿出一文钱来为社会谋取福利，他也没有享受到财物所能带给他的尊贵。

什么才是人生最值得珍惜的东西呢？《韩非子·喻老》篇中讲过这样一个故事：

宋国有个人得到了一块玉石，把它献给子罕。子罕不肯接受。

献玉石的人说:"我把它拿给雕琢玉器的工匠看过了,玉匠认为是一块宝玉,所以才把它献给你。"子罕说:"我把不贪财作为珍宝,你把玉石作为珍宝;如果你又把玉石给我,那么两人都失去了珍贵的东西,不如我们各人都固守自己珍贵的东西吧。"

同样是一个"宝"字,子罕与普通人有着不同的理解。其实我们每个人都有自己的价值标准,我们都有自己眼中的"宝贝"。这个"宝贝"带给你的是受人们钦佩还是被人们鄙视,关键在于自己的选择。玉石是宝贵的,比玉石更宝贵的是高洁的品质。在子罕看来,为官不贪,永葆清廉,这一精神上的"宝",比物质的"宝"更为珍贵,更应珍惜,所以他能够抵御美玉的诱惑。人之所欲不同,行事方式就会不同。"无欲则刚",说的是少一些对物质的贪恋,人就会刚直不阿。像子罕这样对高尚品质的追求,还是越多越好。子罕的"宝贝"观,也成为千百年来的美谈。

人不为外物所累才能保持心灵的安静、淡泊,但在物欲横流的时代,追求金钱、讲求致富似乎成了一种普遍的社会心理,过分强调返璞归真是不现实的。面对红尘的多姿、世界的多彩,人们怦然心动。名利皆人所欲,没有子罕那样的见识与情怀,又怎能不忧不惧、不喜不悲呢?否则也不会有那么多人穷尽一生追名逐利,更不会有那么多人失意落魄、心灰意冷。但是,如果一个人不讲道德情操,一个社会不讲精神追求,虎视眈眈地只盯着金钱,那么这种富有也是畸形的。如果人的心灵生满铜锈,迷失自我,完全成为金钱和名利的奴隶,那便是人类最大的悲哀——道德向金钱低下头颅,情感向金钱出卖贞操,对金钱痴迷,理想向金钱投降。

钱财可以给人创造幸福,但幸福却不只是钱财创造的。钱财对每个人都很重要,但生活中还有比金钱更重要的东西。从古至今,有钱有势的人很多,能让人记住的人却很少。"君子爱财,取之有道",通过正当的手段获得财富,这样的钱花着才安心。

王子搜尊重生命

人生是充满了诱惑的,荣誉、官位、金钱多么耀眼炫目,谁个不想,哪个不争?但《庄子·让王》中却讲了一个"王子搜逃隐丹穴"的故事,给沉醉于功利中的人们以警醒。

越国的国君连续三代都被他们的臣民杀了。最近被杀的这个国君有个儿子叫搜,得知自己马上要当国君了,他害怕重蹈覆辙,于是就偷偷跑到大山里,在一个山洞里藏起来。本来以为别人再也找不到他,可以平安无事,躲过这场灾难了,谁知道他还没来得及喘口气,越国的臣民就找来了,将山洞堵了个水泄不通,严严实实。先是呼唤王子搜,希望他能出来继任国君,但是王子搜不搭理,然后这些臣民就放火用烟熏,最终将王子搜从山洞里熏出来。结果他被臣民们拱抬着返回京城。这个即将登基的国君好像是去送死一样仰天悲叹:"国君之位啊!国君之位啊!这个位置怎么就是不能放过我啊?!"

国君的位置是最大的名利，而不肯以国君的名位来交换生命，这正是有道之人和凡夫俗子的不同。王子搜并不是厌恶做国君，而是厌恶做国君可能带来的忧患。他出于对生命的爱惜与尊重，才发出那样的悲叹。生命是人生其他一切价值的基础和前提。没有了生命什么都谈不上。这个道理说起来人人皆知，可做起事来，人们又会将其抛到脑后。珍惜生命这个道理似乎很简单，真正做到却并不容易。人们对于拥有生命这件事情实在是太熟视无睹了，而熟视无睹的东西往往是不被珍惜的。人们常会无意识地做出很多损害自己生命的事情，比如熬夜、抽烟、酗酒、拼命工作却不知休息，等等，直到最后恶果暴露出来的时候，才追悔莫及。很多知识精英、社会栋梁英年早逝，往往就是因为过度劳累，如果他们早知道是这个结果，当时一定不会那么不爱惜自己的生命。懂得尊重生命，你就不会为薪水而拼命，也不会因为失去一次晋升的机会而肝火上升，更不会为一次失恋而跳楼了。

为了身外之利，从古到今丢官丧命的人不可胜数。乾隆时期，甘肃布政使王亶望贪污赈灾款罪行败露，乾隆帝大力查处，处死了与案件有关的大小官员五十余人，充军四十余人，甘肃省的官员"为之一空"。最富戏剧性的是，被乾隆评价为"深受朕恩，必不肯同流合污"的闽浙总督陈辉祖，在奉命查抄王亶望家产的时候，竟将查抄的部分金银、宝物中饱私囊，最后被乾隆帝下旨"令其自尽"。想那王亶望和陈辉祖本为朝廷重臣，衣食无忧，位尊名显，而他们却总想得到更多，聚敛无厌，为财而胆大包天，最终身败名裂，丢了性命。

生活中有太多的诱惑，在膨胀的欲望牵引下，现代人渐渐失去本真，浮躁、放纵。为了满足物质欲望不停地挣钱，挣了钱后则又产生出更多的物质欲望。如此循环，人成了挣钱和消费的机器，"自我"早已满目疮痍，不知身在何处了。

要想眼界开阔，胸怀开朗，关键还在于自己。给自己一点时间，走出高楼大厦，呼吸一下田野的清新空气，去山顶拥抱日出，去海边徘徊深思，你会顿觉天宽地广，现实中的种种不如意，种种羁绊，都会在大自然的涤荡中消失，你将获得一个崭新的自我。

偃鼠饮河的自足

庄子说："鹪鹩巢于深林，不过一枝；偃鼠饮河，不过满腹。"（《庄子·逍遥游》）一只小小的鸟在广袤的森林里栖息，它能筑巢的也只有一根树枝；一条大河，一个小偃鼠跑去喝口水，再怎么口渴，也就喝饱了它的小肚子就再也喝不进了。

物质无穷，而人所能享有的十分有限。但我们却背负着不断追求名利的包袱，不停为自己描绘着自以为快乐却并不快乐的蓝图。为了身外的利益而失去生命和生命中其他重要的东西不是太不值得了吗？人的天性总是希望有所得，以为拥有的东西越多，自己就会越快乐。可是，我们在生活中之所以郁郁寡欢，正是由于占有之心太重，"放不下"使然。只有那些不将

眼睛盯在物质上的人，才可能集中力量追求心灵上的自由。

《射雕英雄传》中有郭靖与成吉思汗的一次经典对白，很耐人寻味。

（郭靖）当下昂然说道："大汗，你养我教我，逼死我母，这些私人恩怨，此刻也不必说了。我只想问你一句：人死之后，葬在地下，占得多少土地？"成吉思汗一怔，马鞭打个圈儿，道："那也不过这般大小。"郭靖道："是啊，那你杀这么多人，流这么多血，占了这么多国土，到头来又有何用？"成吉思汗默然不语。郭靖又道："自来英雄而为当世钦仰、后人追慕，必是为民造福、爱护百姓之人。以我之见，杀的人多却未必算是英雄。"成吉思汗道："难道我一生就没做过什么好事？"郭靖道："好事自然是有，而且也很大，只是你南征西伐，积尸如山，那功罪是非，可就难说得很了。"

（郭靖）他生性戆直，心中想到什么就说什么。成吉思汗一生自负，此际被他这么一顿数说，竟然难以辩驳，回首前尘，勒马回顾，不禁茫然若失，过了半晌，哇的一声，一大口鲜血喷在地下。

想到人生的归途、一生建功立业与死后所得的差距，成吉思汗这样的英雄豪杰也不由得惘然、心痛。

贪欲是使人丢掉本性的罪魁祸首，它使得人们为了眼前的利益奔走忙碌，越陷越深。不少人会想：在当今这个物欲横流，浮躁、功利的时代，没有金钱是不会幸福的。诚然，金钱可以给我们丰裕富足的生活，金钱可以使很多事情简单化，但是金钱不能衡量价值，金钱买不到幸福，而且金钱会使人际关系更复杂，使人的欲望膨胀。往往越是贫穷落后的地方，人越淳朴，感情越真挚；要求越少，越容易满足快乐。曾有一项关于中国人对生活满意度和幸福感的调查，其结果令人惊讶。对生活最满意、感到最幸福的，并不是物质丰富的城市人，而是农民。

有的人什么都不缺，但是他却不快乐；有的人虽然过得不如别人好，但他却活得快乐。原因就在于对人生的坦然和对现实的满足。同样的半杯水，乐观豁达的人说："很好，还有半杯水。"悲观愁苦的人说："惨了，只剩下半杯水了。"一样都是平常的生活，知足的人觉得像是生活在仙境中，不知足的人却感觉那是人间地狱。幸福其实来自"适可而止"的智慧，贪欲只能使人觉得眼前的一切都不如意。

世间万象，人生百态，各有一方天地，活得坦然，便是成功。所以，称心如意时不要洋洋自得，忘乎所以；遭受挫折时不要悲观失望，怨天尤人。我们大可不必为了得到赞扬或避免非议，刻意八面玲珑，滴水不漏。管他丰碑小草，高山低谷，只要用心挥洒，真诚付出，那么，内心的欢喜，就会一点一滴地丰满着你的昨天、今天和明天。

蜗角之争：走出超重的生活

当今社会，生活节奏快、生存压力大，正如庄子所说：终生承受役使却看不到成功，一辈子困顿疲劳却不知道自己的归宿，不是很悲哀吗？

在人生旅途中，我们应该不断地提升自己的境界，拓展自己的胸怀。可是我们常常做不到，忘了名利不过是蜗牛角上的争斗，汲汲于此，甚至于食不甘味，寝不安宁，在得失的计算中，在身心放纵的麻木中，失去了许多聆听自然天籁的机会。

在现实生活中，面对生活的超重，我们应该重新面对自己，站在生活之外看生活，认识人类的渺小，淡定、从容，使自己在面对繁杂的生活时游刃有余。

历史很长，人生很短；宇宙很大，人很渺小。如果为蝇头微利自寻烦恼，为荣辱得失厮杀，丧失了做人的乐趣，岂不因小失大？庄子就是把我们领出蜗角之争的引路人，让我们的精神从凡尘的纷扰中飞升，让我们的心灵在俗世的喧嚣中宁静：

魏惠王和齐威王订立过盟约，但齐威王背弃了盟约。魏惠王恼怒了，要派人去刺杀齐威王。惠施身为魏国宰相，听说了这件事，就推荐了戴晋人去为魏惠王讲"道"，希望能制止战争。

戴晋人和庄子是一类人，他对魏惠王说："有一种叫作蜗牛的东西，君王知道吗？"魏惠王说："知道。"戴晋人说："在蜗牛的左触角上有一个国家，叫触氏；在蜗牛的右触角上有一个国家，叫蛮氏。两国经常因为争夺土地而挑起战争，躺在战场上的尸首就有几万具，战胜者追逐败兵，十五天才能够返回来。"魏惠王说："噫！这是开玩笑吧？"戴晋人说："请问大王，在天地之中，有没有穷尽呢？"魏惠王说："没有穷尽。"戴晋人又说："那么，四通八达的天地之间有个魏国，魏国之中又有个梁邑，梁邑之中有个君王。这个君王和蛮氏相比，有没有分别呢？"魏惠王说："没有分别。"戴晋人走后，魏王心有所悟，茫然若失。

蜗牛很小，蜗牛角更是小得可怜，想不到小小的蜗牛角上还会有两个国家。它们为了争夺地盘而发动战争，双方死了几万战士，胜利者追赶失败者数日，随后收兵回师。请不要以为这是天方夜谭，庄子站在广阔无垠的宇宙空间俯瞰地球，那么，他看到的人类国家、民族之间的战争，不就像蜗角之争一般渺小吗？白居易的《禽虫十二章》就是受庄子这个故事的启发写

出来的，诗云："蟭螟杀敌蚊巢上，蛮触交争蜗角中。应是诸天观下界，一微尘内斗英雄。"我们看蜗角之争是可笑的，而人世的一切争斗不也是"一微尘内斗英雄"吗？

蜗角之争可谓是战国时期平民百姓的血泪告白。无端的战火使老百姓生活在痛苦之中。庄子是站在一个大的时空立场来讽刺战争的无意义。庄子的讽刺艺术在这里表现得淋漓尽致，他把大化小，把小化大，在这种大小之间的戏剧性对比反差中强化了讽刺的意味。国家是大的，庄子故事中的国家却小到建立在蜗牛角上。蜗牛角上的国家为了争夺土地而血战，这让我们清楚了所争之小。庄子以寥寥几笔，写出了战争的激烈、残酷——"伏尸数万"。为了蜗角中的土地争夺得如此惨烈，难道不让我们猛醒吗？庄子的比喻可谓一针见血！

人类思维每每开出相似的花朵，相隔千年的哲人，也可能是最切近的精神知己。唐代的李公佐写了一篇传奇《南柯太守传》，记录了一个与庄子的"蜗角"可堪一比的蚂蚁国。

隋末唐初的时候，有个叫淳于棼的人。他家的院中有一棵根深叶茂的大槐树，盛夏之夜，月明星稀，树影婆娑，是一个乘凉的好地方。淳于棼过生日的那天，亲友都来祝寿，他一时高兴，多喝了几杯，带着几分酒意坐在槐树下歇凉，不久便沉沉睡去。迷迷糊糊中仿佛有两个紫衣使者请他上车，马车朝大槐树下的一个树洞驶去。但见洞中晴天丽日，另有天地。车行数十里，行人络绎不绝，景色繁华。不一会儿，他们就到了一座城下，城门上金匾书写着"大槐安国"。正赶上京城科考，他便报名入场。发榜时，他高中了第一名。紧接着殿试，皇帝看淳于棼长得一表人才，举止大方，钦点为状元，并把金枝公主许配给他为妻。一时成为京城的美谈。婚后，夫妻感情十分美满。淳于棼被皇帝派往南柯郡任太守，淳于棼到任后，勤政爱民，把南柯郡治理得井井有条，前后二十年，上获君王器重，下得百姓拥戴。这时的他已有五子二女，官位显赫，家庭美满，万分得意。

不料檀萝国突然入侵，淳于棼率兵拒敌，却屡战屡败，这时金枝公主又不幸病故。淳于棼连遭不测，辞去太守职务，扶柩回京，从此失去国君宠信。他心中悒悒不乐，君王准他回故里探亲，仍由两名紫衣使者送行。车出洞穴，家乡山川依旧。淳于棼返回家中，只见自己睡在廊下，不由吓了一跳，惊醒过来，眼前仆人正在打扫院子，两位友人在一旁洗脚，落日余晖还留在墙上，而梦中却好像已经经历了整整一生！

淳于棼把梦境告诉众人，众人感到十分惊奇，一齐寻到大槐树下，果然掘出个很大的蚂蚁洞，旁有孔道通往槐树伸向南方的一根树枝，另有小蚁穴一个，就是南柯郡。他所经历的浮沉起落都发生在这一根槐树枝上的小蚁穴里，这个蚂蚁社会与庄子所说的"蜗角"异曲同工，虽然小，也有风云人物和英雄美女。淳于棼纵然经历万般丰富，然而活动范围终究只是槐树底下一个蚂蚁窝而已。所以，人生的诸般境遇也不过如此，对己是天大的事，可对整个世界而言终究只是沧海一粟。人生也如白驹过隙，只不过是短暂的一瞬。种种勾心斗角、明争暗斗

不过是如蚂蚁般的忙碌罢了。

所以,人与人之间,与其争斗,不如携手!把胸襟放宽,从蜗牛角、蚂蚁国中走出来,摆脱功利、物欲的诱惑。不迷恋,不沉溺,从容平和;不贪求,不沉醉,宽容博爱;我们就不再会劳心伤神。不被眼前之利遮蔽,胸怀自然能够开阔,自成高格,一段潇洒无羁的人生也就从此开始了。

现在一些成功人士中间,流行着一种"新退休主义"。这些社会精英经过商场拼杀,获得了荣誉、地位和金钱之后,在人生鼎盛的中年毅然退休,回归自然,去做自己喜欢的事情。他们也许就是看开了"蜗角之争"的智者吧?

表扬毁了车夫

从历史上看,热热闹闹的思想家微乎其微。尽管后来的记载中频频出现他们的名字,那是因为,从人类思想史上看他们是重要的,但他们当时却并非家喻户晓。他们在思想上的深入探寻不会为大多数同时代人所认识,也很难产生共鸣。幸运的是,历史,特别是精神的历史,大半不是庸人书写的,因为庸人既没有那样的能力,也没有那样的价值观。庄子是个有大智慧的思想家,在他所处的时代,他是个寂寞的人。当战国时期的人们都争先恐后地在各国统治者面前搔首弄姿,以谋取财物和荣誉时,庄子却穿着破衣烂衫,轻蔑地嘲笑着。

东野稷十分擅长驾马车,他凭着自己一身驾车的本领去求见鲁庄公。鲁庄公接见了他，并叫他驾车表演。东野稷驾着马车一会儿前进，一会儿后退，车轮轧出的痕迹就像木匠画的墨线那样笔直；而无论是向左转圈还是向右旋转，车辙都像木匠用圆规画的那么圆。鲁庄公大开眼界，满意地称赞说："你驾车的技巧的确高超。看来，没有谁比得上你了。"说罢，鲁庄公兴致盎然地叫东野稷再兜一百个圈子。一个叫颜阖的人看到东野稷这样不顾一切地驾车，就对鲁庄公说："我看，东野稷的马车很快就会翻的。"

鲁庄公听了很不高兴，他没有理睬站在一旁的颜阖，心里想着东野稷一定会创造驾车兜圈的纪录。但没过一会儿，东野稷的马果然累垮了，弄了个人仰马翻，东野稷因此扫兴而归，见了鲁庄公很是难堪。鲁庄公便问颜阖："您怎么知道他会翻车呢？"颜阖回答说："马再好，它的力气也总有个限度。我看东野稷驾的那匹马的力气已经耗尽，可是他还要让马拼命地跑。像这样蛮干，马不累垮才怪呢。"

世间万物，其能力总有一个限度。如果我们不认真把握这个限度，只是一味蛮干或瞎指挥，只会弄巧成拙或碰钉子。

明代的王阳明曾用金子比喻人的德行，金子的纯度越高，人格的品位就越高。每个人都有几分金子，能否提高金子的纯度，在很大程度上取决于能否清醒地认识自己，保持自己的本色。我们常常不惧怕生活中的磨难，却往往因表扬和认同而忘记了心灵的恬适，拼命再拼命。领导表扬了、朋友羡慕了、同事嫉妒了，我们常常就会迷失自己，忘了自己的局限，难免会

像东野稷那样落得一身尴尬。

美誉和名声走向反面,还可能害人害己。唐朝的宋之问颇有诗名,但在文采繁盛的唐朝,他的诗名红而不紫,并不十分突出。他有一个外甥叫刘希夷,少年高才,《唐才子传》记录刘希夷是上元二年(公元675年)的进士。据说刘希夷的《代悲白头翁》诗中有"年年岁岁花相似,岁岁年年人不同"一句,宋之问非常喜欢,知道这首诗还没有流传出去,就向刘希夷要这一联,用入他自己的诗中。刘希夷当时答应了,但后来又反悔,并泄漏了这个秘密,使宋之问大大出了丑。宋之问非常生气,就偷偷叫人用土袋压死了刘希夷,当时刘希夷还不到三十岁。这是唐人小说中所记的一段佚事,未必可信。但把这盆脏水泼到宋之问身上还是有点道理的,据说宋之问这人人品卑劣,一贯寡廉鲜耻,在武则天当政时甚至向武则天的内宠张易之、张昌宗兄弟套近乎,他自己还想竞选武则天的男宠,但因口臭被刷掉了。他才华不足,却想博取声名,做出这样的事是完全有可能的。如果宋之问能放下对"名满天下"的过度追求,量力而行,就不会一错再错,最终因种种恶行被皇帝赐死。宋之问本想名垂青史,结果却落了个恶名昭昭的结果,难道不值得人们深思吗?

名利的得来如果不是堂堂正正,并能于人有益,就不会品尝到其中的快乐。在求取功名的过程中,少一点贪欲,多一点清醒,放下他人对你的赞美所带来的快慰,就不会被声名所累,就能清白、自在做人。

许由拒绝了天下

在中国历史上,尧舜禅让的故事千古流传。其实,历史上,还有一个可以称之为禅让未遂的故事,那就是"尧让天下,许由不受"。许由是庄子极力推崇的"圣人"。在《庄子》中,许由一共出现了八次,大部分都与尧有关。

尧是古时的圣贤君王,他在位多年,政治清明,天下安定。他虽然是帝王,对人却很谦和,又肯俯察民意。他听说民间有个贤士,名叫许由,便派人去把许由请来,准备当面把帝位让给许由,他对许由说:"你好比天上的日月,我好比人间的烛火。既然日月已经出来,还要叫烛火来照明,不是很困难吗?及时雨已经落下,却还要灌溉,对农作物来说,不是没有必要了吗?请让我把治理天下的位置让给你吧。"许由回答:"天下已被你治理得很好,为什么还要我来代替你呢?难道我就为了得到一个虚名吗?我好比一只小鸟在林中做巢,只要占据一个树枝就够了,那么大的天下交给我,我要它干什么?"许由拒绝了尧的禅让,远远地逃到颍水之边的箕山隐居起来。

尧又召许由任九州长,许由这次连听都不愿意听了,认为尧的话污染了他的耳朵,跑到颍水边上洗耳朵去了。

许由自己种田养活自己,渴了就到河边捧水喝,非常自在。有人见他没有舀水的器具,就送他一只瓢,许由用瓢舀水喝完,就把瓢挂在了树上,却听见风吹着瓢,发出了恼人的声响,许由听着烦,就把瓢给扔了。许由以淡泊、自然的生活方式和人

生选择赢得了后世的尊重，被尊为隐士的鼻祖。箕山在今天的河南登封，因为许由死后葬在这里，箕山又称许由山。

拥有天下，可以说是人世间最大的成就了，但成就带来无上权力的同时，也带来了沉重的负担。中国历朝历代的君主哪一个是高枕无忧的呢？一旦高枕无忧，君主就离亡国不远了。

俗话说"人为财死，鸟为食亡"，因为欲望，只看到财与食，却忽视了要得到这财与食所付出的巨大代价。在无止境地追求物质满足的社会里，人们往往只看到金钱的可贵，生活的内容只剩下赚钱与花钱，却忘记了这世上还有更多超乎利禄之上的美好与可贵，因而使整个人生变得紧张乏味且低俗。注重道德修养的人，拒绝的是利欲熏心，见利忘义的人拒绝的是为别人考虑。随着物欲的膨胀，还有几人能主动拒绝诱惑，又有几人能出淤泥而不染呢？

古希腊有个特立独行的哲学家，名叫第欧根尼，当时的人称他为"犬儒"，他与庄子可谓灵魂相通！他拒绝接受一切世俗，无论是宗教的、服装的、饮食的或礼俗的，他统统排斥。据说他住在一个桶里，当时显赫的亚历山大大帝听说他的事后，觉得不可思议，心想世界上怎么还有不喜欢享乐的人，便亲自去探个究竟。亚历山大来到第欧根尼面前，他见这位哲人没有什么反应，有些不快。但是，亚历山大还是保持了风度，善意地问他："尊敬的哲学家先生，我们的国土上怎么能够让智慧的学者忍饥挨饿呢？说吧，无论您有什么要求，我都会尽量满足。"第欧根尼抬抬眼皮，懒洋洋地回答说："劳驾你让开一点点,别挡住我的阳光。"

第欧根尼对权势和名利的拒绝与庄子笔下的许由一样,干干脆脆、毫不迟疑。

庄子将生命看作最重要的东西,权势和生命在他思想中没有调和的余地,要么像山林中的野鸡逍遥于自然,要么如笼中的鸟儿被囚禁于富贵的朝堂。他在权势与生命之间的选择总是那样明快而自信。宁做摇着尾巴在烂泥中打滚的乌龟,也不愿被杀死后供奉起来,成为占卜的龟壳。

中国的读书人,一方面受儒家"入世"思想的影响,另一方面受老庄"自由"思想的熏陶,自古以来对从政做官都抱有一种复杂的心理。想做官、求官做的人有,不想做官、不屑做官的人也有。不想做官、不屑于做官者,不外乎见多了为官不仁、为官不廉的现象,见多了官场的腐败和黑暗,见多了仕途的莫测和险恶,不愿同流合污、屈己从人,宁愿归隐田里,以求无官一身轻。陶渊明弃彭泽县印,躬耕柴桑,就是因为难以忍受仕途的污浊,不肯为五斗米折腰。

其实,官还是可以做的。说到底,官的好坏,其实是人的好坏,和官位本身并没有太大的关系。如果有德有能,尽可以去做官,只要谋求之路是正当的,并能真正为民办事、为民做主。孔子做鲁国大司寇三个月就使整个社会风俗发生了变化,民风淳朴。所以君子不一定拒绝做官,能够廉正为民、造福四方,即使自己的生命有所损耗,也是值得的。

幸福和生命、爱情、死亡一样,是个永恒的话题。

对于"幸福"一词的理解,芸芸众生说法各一,没有所谓标准的定义。

幸福到底是什么呢?

幸福是自己内心的感觉,而不是别人的评论。真正的幸福和悲哀,只有自己才懂,因为每个人对幸福的理解是不同的。国色天香、富贵荣华就一定幸福吗?布衣荆钗、粗茶淡饭,和你的爱人相视一笑,谁又能说这不是一种幸福和快乐呢?

人们不能期望生活中只有幸福没有痛苦,只有幸运没有波折,应该让自己具有足够的智慧,能放下失意的纠缠、名利的诱惑,带着坦然、乐观的心情,用庄子看蜗角之争的智慧,去看人世的种种磨难,就不会有面对痛苦时的无助和恐慌了。

幸福其实就是一种内心的感觉、内心的创造。你感觉到了,你创造出了,便是拥有。珍惜拥有,就是幸福!

这就是庄子告诉我们的简单的幸福,幸福的简单!

第五章

相忘于江湖：平常心看世事

禅宗有一偈:"春有百花秋有月,夏有凉风冬有雪。若无闲事挂心头,便是人间好时节。"其实,任何一个人都能在普通的生活中寻找到自己需要的东西。正如罗丹所言:生活中不是缺少美,而是缺少发现美的眼睛。平凡的生活中处处都有耐人寻味的妙境。怀着一颗平常心看人事、看世事,心境就会平和许多。

平常心是"道",人生之痛皆源于"我"的执着与贪恋;人生之"悟道"即在于"无我"。庄子把人生的烦恼与解悟,都放在一颗"平常心"上,即以平常之心,看世事纷纭。国学大师钱锺书,淡泊名利。一位外国记者到中国想拜访他,钱老笑道:"你知道有只鸡蛋好吃就行了,何必非要见那下蛋的母鸡呢?"这种对名利安之若素的态度就是有一颗平常心!再以棋为例。一般棋手,面对事关重大的争棋,往往容易因为名缰利锁的羁绊,患得患失,技术发挥失常;韩国名将李昌镐却相反,越是关键的比赛,越能稳定发挥。这也是人们常说的平常心吧!

有了平常心,方可体会庄子的"自然"两字,正所谓"行到水穷处,坐看云起时"。这里的白云、流水,生动地衬托出诗人那种物我如一、自由自在的乐"道"之心。

平常心虽说起来"平常",但能拥有它,却是一件不大容易的事。可以说,平常心,平常态,是健康人生的至高境界。它并不是让人不思进取,而是要人对生命状态的把握进入一个更高的层次,以便能充分调动、发挥生命的潜质,让生命的花朵更加灿烂。

爱马的人:"爱"要顺其自然

生存在人世间,人人都离不开爱。生命中最悲哀的事,莫过于放弃你所爱的人,看着他离开。你想把爱牢牢抓在手里,它却从指缝中悄悄溜走;你想放弃这份爱,却发现它已成了心中的一个印痕,无法抹去。在付出爱的时候,谁也不确定能得到回报?即使没有回报,你也应当满足,因为你心中有了一片爱的绿洲。

爱情就在我们每个人身边,可是真让你说它是什么,每个人都会有不同的答案。常有人问:"爱在何方?"其实,爱就在我们心中。爱是喜悦,爱是思念,爱是幸福。当你爱上一个人,应是你见到了他的性灵之美;当你们相爱时,应是你的天性与他的圆满契合。

然而,什么样的爱才是真爱呢?怎样表达自己的爱才恰切呢?让我们看看庄子是怎么说的。

爱的减法

从前有一个非常爱马的人，侍候他的马无微不至。他用精致的竹编筐接马粪，用罕见的巨大海螺壳装马尿。一天，刚巧一只牛虻叮在马屁股上，那个爱马的人出于爱惜之情随手就拍，没想到马受了惊吓，咬断勒口，挣断辔头，把养马人踢死了。庄子不觉感叹道："意有所至，而爱有所亡。"

原来，有时候你爱一个人，他并不一定知道你爱他。而最悲哀的，就是你全抛一片心，对方却冷不丁地给你最致命的一击。

《庄子·人间世》的这个小故事告诉我们：虽然你的爱是全心全意的，但如果不注意方式方法，可能就会变成错爱。那个爱马的人对待马就像孝子伺候老爹一样，人世间的至爱，莫过于此。但是，他却被马活活踢死了。爱并非全部都是对的，付出的爱也不一定都能收获相同的爱。如果不了解自己所爱的对象，只是把自己的爱强加给对方，那你炽热的爱在所爱的人那里会大打折扣，最后导致他人的厌恶，甚至像养马的人那样，丢了性命。

庄子的故事让人联想起了爱情中的许多迷雾：爱是不可捉摸的，你越是渴求索取，它就越是逃避，很像池中的水藻，你越急于去捞取，它就越是分散；反之，如果你停止了搅动，它却会聚合成一个实体。爱也是盲目的，充满危险的。一个人对另一个人的爱，对方不一定能理解，也不一定能得到对方爱的

回应,你爱得越深,受到伤害的可能性就越大。爱一个人首先要知道对方是不是也爱你,否则,那一厢情愿的爱最终会伤人害己,结局惨不忍睹。爱情是把双刃剑,要慎重!

有人说:"世间只要有爱,我们便能幸福快乐。"这话只说对了一半,因为它没有讲出"如何去爱",而这才是最重要的。没有一个父母不爱自己的子女,然而我们却常看到,那些对子女"无微不至"的父母,子女却备感厌烦,拼命想逃开。看来,不仅要心中有爱,还要学习"如何去爱"。因为爱不只是一种感情,更是一种能力、一种智慧。否则,当你所爱的人离你而去,你可能还在茫然不解地问"为什么我这样爱你,你却反而离开我?"

明代刘基所著的《郁离子》中有这样一个故事:南海有一座岛,岛上的人把蛇当作家常菜。岛上有个人要到齐国去,就把蛇做成腊肉当干粮。齐国的一个人很热情地招待他,他很高兴,就用有斑点的毒蛇做成的肉干当礼物酬谢主人,主人吓得吐着舌头走了。客人不懂为什么,还以为人家嫌礼薄,又吩咐手下的人去找一条大虺蛇送给主人,结果把主人彻底吓跑了。

不要将你自己的喜好强加到对方的身上,爱的真谛就是:放松你自己!别以爱为借口,固执地将你的爱意硬塞给所爱的人;放松对方吧!别把所爱的人当作没有性情的物品,多了解他、尊重他。爱,不应是绳索,而是养鱼的河水,这样才能与你的所爱鱼水相得。

聪明的养虎人

养虎是件危险的事，可是，养虎的人却能把虎养得跟猫一样柔顺，每天和老虎相处，也不会有危险。庄子看到，懂得养虎的人不敢拿整只活的动物给老虎吃，怕老虎在捕杀活物时，会唤醒野性；也不把大块的肉丢给老虎吃，怕激发它喜好撕裂东西的习性。养虎的人是"时其饥饱，达其怒心"（《庄子·人间世》），也就是按照老虎的饥饱时间来喂养老虎。摸准了老虎的习性，才不会激怒老虎。自然，老虎的野性也不会出现，它便不凶暴、不可怕了。

老虎和人本就不是同类，之所以会对养他的人和善，是因为养虎的人了解老虎的心性与脾气，知道如何做才能不触怒老虎。庄子以此来提醒世人要避免因不知情势而产生的后果。

爱的浅层次是牺牲和付出。很多人以为只要对对方好就可以了，给对方送礼物、牺牲自己的兴趣和爱好迎合对方，忍受一切的不开心，这些虽然也很重要，但毕竟不是心意相合。为爱牺牲自己，说起来好像很伟大、很感人，但假如对方并不值得你这样为他牺牲，或者你的牺牲根本换不来幸福，那不如就放弃吧。

最高层次的爱是没有痕迹的爱，你触摸不到，但却总能感觉得到，就像五月丁香花的气息，弥漫在空气中，你会幸福着，但却不知道这幸福来自何方。曾经有这样一则小故事：

一位瞎了一只眼的丈夫搀着他的盲人妻子来路边小摊吃

饭。他大声地对服务员说要两份大碗的肉丝面。当他去拿筷子并顺便付钱的时候,又跟服务员低声说了几句话。结果,肉丝面送上来的时候是一大一小两碗,而且是一碗有肉丝一碗没有肉丝。丈夫把大碗有肉丝的面推给妻子,自己留下了小碗没有肉丝的,并对妻子说:"肉丝面真好吃!"旁边的一个小女孩"指正"了丈夫犯的这个不经意的错误。丈夫心慌意乱却故作镇静。他并没有跟妻子辩解,仍然低头吃着。妻子明白了一切,泪满衣襟。顺应了自己所爱的人的性情,会让爱人心里特别惬意。相反,一种感情如果不符合人的天性,反其道而行,那是非常可怕的。

齐桓公在宰相管仲将死之前,曾和他谈论自己亲近的易牙、竖刁和公子开方,管仲劝齐桓公远离这三个小人,齐桓公就说:"我曾经开玩笑说没吃过人肉,易牙就把他的儿子做熟了给我吃,这不是爱我胜过爱他的儿子吗?"管仲说:"人最爱的莫过于自己的儿子,连儿子都不爱,还能爱谁呢?"桓公又问道:"竖刁为了亲近寡人,自己净身入宫,这样的人也不能信任吗?"管仲回答道:"按人之常情来看,没有不爱惜自己身体的。能下狠心把身体弄残了,那么对国君又有什么下不去手的呢?"桓公又问道:"开方本是卫国的公子,侍奉寡人十五个年头了,他父母死时都不肯离开寡人回去奔丧,这样的人也值得怀疑吗?"管仲回答道:"按人之常情来说,没有人不爱自己的生身父母。他父母死了都不肯回去,那对国君又将如何呢?"可是齐桓公并没按管仲说的远离易牙这伙小人,桓公生病之后,易牙就开始作乱,将宫里的守卫赶走,不让桓公吃东西,桓公临死之前深悔自己没有听管仲的话,可是已经来不及了。桓公死后,儿子们为了争夺权位,自相残杀,齐桓公的尸体停放在床上也没人管,甚至长满了蛆虫。

鲁侯养鸟的失败

从前,有只罕见的海鸟远远地飞来,栖息在鲁国都城郊外。鲁侯以为它是神鸟,命人将它捉住,亲自在太庙里恭敬地大设酒宴迎接,并将它供养起来,天天为它演奏虞舜的乐曲《九韶》,并安排祭祖时用的牛、羊、猪给它吃。海鸟被鲁侯这番隆重的"礼节"吓得惊恐万状,一块肉也不敢吃,一口水也不敢喝,三天后就死了。

鲁侯用最尊荣的方式款待海鸟,把鸟养在太庙里,给鸟听最高贵的音乐、吃最好的食物,可谓关怀备至。但他不是根据鸟的习性来养鸟,而是根据自己的爱好养鸟。可鸟儿毕竟不是人,享受不了人的福气,吃不了肉,喝不了酒,更是无法欣赏《九韶》美乐,惶恐忧惧而死是迟早的事情。鲁王的爱是他单方面强加给鸟儿的,鸟儿受到的优待恰恰是一种不公正的虐待。庄子一针见血地指出了鲁王的错误所在:"此以己养鸟也,非以鸟养鸟也。"(《庄子·至乐》)养鸟就要从鸟的生活习性和饮食特点出发,给鸟自由,让鸟随意栖息在岸滩或翱翔于天空。至于觅食,或小鱼或小虾或树虫儿,随其口味。鸟听见人

语尚且莫名其妙,还会爱听高雅的钟鼓之乐吗?只从自己的主观愿望出发,会把事情办糟的。如果用养鸟的方法而不是用养人的方法去喂养鸟,鸟儿怎能"三日而死"?

当你知道你的爱对对方不仅无益反而有害的时候,那你就该止步了。

爱是美丽的,但不是所有的爱都是美丽的。人们喜欢动物,就将自然界里的飞禽走兽关在它们并不喜欢的动物园里精心喂养;喜欢观赏花、木,就将山间的花草秀木挖回家,栽在花盆里细心呵护;爱自己的孩子,就把活泼好动的孩子关在教室里,让孩子练习并不感兴趣的唱歌、跳舞、画画、弹琴、吹箫、下棋、吟诗、书法,美其名曰"为将来打基础"。所有这些,其实都是在重复鲁王对鸟儿的爱。这样的爱实际上是十分可怕的,当然也就没有什么美丽可言。

有个绅士走进一家花店,要求把橱窗里的花取出一部分。店主照着他的话去做了,并问他买多少。这位绅士却出人意料地回答:"我不想买花,只是看它们太拥挤了,怕它们被压坏,想让它们轻松一下。"他就是英国著名作家王尔德。在我们生活的每时每处,是否都能常怀这样的关爱,让你爱的人在你的关爱下如鲜花一样美丽绽放、从容芬芳呢?

有一首歌名叫《半糖主义》,歌词道:"爱不是每天相依为命。我要对爱坚持半糖主义,永远让你觉得意犹未尽。若有似无的甜,才不会觉得腻。"这首歌唱的就是对爱的分寸的把握。相爱的人应该常常在一起,但又要懂得亲密有间的道理。生活上彼此关心,但不要靠得太近，不要打扰对方的私密空间。半糖主义代表的是一种健康的爱情观，太疏远会使爱人感到沮丧失望，非我们所愿；过甜过腻，又容易让爱人不识甜为何物，不懂珍惜。所以，爱的最佳状态就是学会给自己的感情只加半勺糖，在若有若无间体味爱的淡淡清甜吧。给爱留点空间，让爱自由呼吸！

相濡以沫

"相濡以沫"典出《庄子·大宗师》，长久以来被当作美好爱情的代名词，成为逆境中相互扶助的情感代言。现在，相濡以沫往往用于称赞夫妻感情的长久和默契。但人们却很少关注它后面的另外半句话，从而对庄子的本意有所误会。

有一天庄子路过一条干涸的小河，看到河滩上有两条鱼，正互相用口水来湿润对方。庄子问它们为什么要这么做，鱼儿说："河水干了，我们只能用唾液保持彼此身体的湿润。"

这就是"相濡以沫"的原意。这样的情景也许令人很感动，但是这样的生存环境并不是正常的，甚至是无奈的。鱼儿难道想这样吗？鱼儿不想这样。现在流行养鱼，有美丽的鱼缸造景，还有很完善的换气、清洁设备。但是假如我们是鱼儿，还是宁愿在江湖里自由自在地悠游，而不愿被拘束在鱼缸里。"相濡以沫"是凄凉时的幸福啊！

所以，庄子说："相濡以沫，不如相忘于江湖！"（《庄子·大宗师》）

对于鱼儿而言,最理想的情况是,水终于涨上来,两条鱼也回到了属于它们自己的天地,在自己最适宜的地方,快乐地生活。相濡以沫,有时是为了生存的必要或是无奈。与其如此,倒不如它们在江湖中游弋的时候,互相都不感觉到对方的存在更为幸福。相忘于江湖,是一种更高的境界。

中国的古人,重恩情、轻爱情,爱情被生存、温饱、感恩、道德、伦理替代了。"贫贱夫妻百事哀""糟糠之妻不下堂",这些古训的背后,是一幅幅忧伤的爱情画面。如用庄子的话来解释爱情的话,最美的爱情应如鱼儿一般相忘于江湖,两个人尽情尽性地相爱,而不是被生活重压下的无奈并肩和道德束缚下的不得不相互扶持。庄子在这里为我们畅想了一种更高境界的爱情。

庄子是有大智慧的人,他告诉我们,正常而平凡的感情才是人类真正需要的。但不知道从什么时候起,庄子的这句话就被误解了,并以讹传讹几千年。"相濡以沫"对于鱼儿来说,其实是一种极端而可怕的状态。"相忘于江湖"显然不如"相濡以沫"煽情,但这是鱼儿的正常生活状态,即使由于河水干了,迫不得已要"相濡以沫",也是为了保存体力,期待着能有"相忘于江湖"的机会。按照庄子的思路,如果能活下去,情愿不要这样的相守。

"相濡以沫,不如相忘于江湖",这是庄子的原话,从文中可以看出庄子并不喜欢"相濡以沫",而是希望大家能达到"相忘于江湖"的境界。在庄子的眼中,水沟里的两条鱼要么同成鱼干,要么相忘于江湖。还有没有另一种结局?不死亡,也不相忘,而是放浪江湖,如影相随,结生死之盟,就像杨过和小龙女。也许有,庄子肯定也料到了,却不说。

常存抱柱信

春秋时,有个名叫尾生的年轻人,他为人正直,乐于助人,和朋友交往很守信用,四乡八里的人都称赞他。有一次,他的一位邻居家里醋用完了,来向尾生借,恰好尾生家也没有,但他没有回绝邻居,说:"你稍等一下,我里屋还有,这就进去拿来。"尾生悄悄从后门出去,立即向别人家借了一坛醋,送给了那位邻居。孔子知道这件事后,并不赞成尾生的行为,觉得他有些迂腐了。

后来,尾生和一位年轻漂亮的姑娘一见钟情,坠入了爱河。有一天,两人约定在城外的一座桥下会面。黄昏时分,尾生提前来到桥下等候。可女子没有赴约,后来河水一点点涨了起来,尾生还是没有离开,最后抱着桥梁的柱子淹死了。

没有什么比生命更重要了,但尾生却为了一个约定丢了自己的性命。

尾生的故事,《论语》《庄子》《汉书》《艺文类聚》等书均有记载,后代人也多有歌咏。《史记·苏秦传》有"孝如曾参,廉如伯夷,信如尾生"之誉;嵇康《琴赋》中颂曰:"比干以之忠,尾生以之信";李白的《长干行》更是点睛之笔:

"常存抱柱信，岂上望夫台。"说起尾生抱柱，大多赞美的是他的守信。但是现代女性从这故事中看到的可能会是爱情。中国历史上还真有这样柔情万千又可信赖的男人呀！

听了这个故事，也许你会嘲笑尾生。他为什么那么笨呢？他完全可以换个附近安全的地方再继续等啊！为什么不到桥上或岸边去等呢？这里可以有种种假设：可能他想，如果换了地方，她就找不到他了；或者，现在涨水了很危险，他要留在这里给她报警，不然她来就太危险了……尾生的确傻、的确痴，今天的我们还忍不住为他叹气。

不过，身为女人，还是会被尾生感动的。要嫁就嫁尾生！可现在这个盛行爱情快餐的社会中还有尾生那样的人吗？有这样一个小笑话，不知尾生听了会作何感想。

一对老夫妻为了庆祝他们结婚五十周年，约定纪念日当天在河边约会，就像他们年轻时那样。这天，老爷爷带着一大束玫瑰来到河边，而老太太却一直没有来。空等一场，老爷爷只得悻悻然回家，却见老太太很舒服地躺在床上。老爷爷生气地质问道："你怎么能够失约呢？"老太太把脸埋在枕头里，不无娇羞地说："对不起呦，妈妈不让我去耶。"

哲学家金岳霖以自己的一生再次信守了尾生的承诺。他爱上了才貌俱佳的林徽因，一生追着人家梁思成、林徽因夫妻满世界跑，人家住在哪里，他就住到隔壁。等到花儿也谢了，等到胡子也白了，等到林徽因离开了这个世界，他依旧在等着……

汪曾祺先生的《蒲桥集》里专门写了一篇文章，题目就叫

《金岳霖先生》，记录了他的种种趣事：林徽因去世后，有一年，金岳霖先生在北京饭店请了一次客。老朋友接到通知，都很纳闷——老金为什么请客？到了之后，金先生才宣布："今天是徽因的生日。"

这个世界上，曾有过尾生、金岳霖这样的男人，作为女人，对爱情的信心也应增添一分呐。反观现代人的"不求天长地久，但求曾经拥有"的婚恋观，不就像儿戏吗？

佛说：前世五百次的回眸，才换来今生的一次擦肩而过，那么要多少次的回眸，才换得人海茫茫中的两情相悦呢？

在庄子自然之道的启示下，我们领悟到：真正的爱情都是自然而然产生的，而不是刻意追求来的，当你心中还没有产生那种情愫的时候，不要刻意追求爱情，顺其自然产生的爱才是真爱！如果你把爱情当成空虚的寄托，当成闲暇时的游戏，你可能就会错过真正的爱情。

人是"无情"的吗？

我们常说："情"是人生最美的花朵，有了亲情、友情、爱情，人生才绚丽、丰富。然而当惠施问庄子："人是无情的吗？"庄子却说："人是无情的。"惠施问庄子："人若无情怎么能称作人呢？"庄子说："天给了人容貌，给了人形体，怎么不能称为人呢？"惠施又问："人称为人怎么能没有情呢？"庄子笑了笑，答："我所说的无情是不损害自己的本性，

顺任感情的自然需要而为。人为的感情有所爱，便有所不爱。自然的情，无爱无不爱，所以能普及，也能永恒。"

这段经典对话出自《庄子·德充符》，如果没有惠施这一连串的追问，庄子的深意可能我们就无从知晓了。庄子极力主张和推崇的是：人可以有感官的欲求，但却不应该因为这些好恶之情而使自己的身心受到挫损和伤害。人可以有情，但如果一味地被"私情"拘泥或局限，就不能获得"逍遥"之乐。

"无情"并不是对生活漠不关心，而恰恰是一种人类间的"大爱"。现代人常常失意、彷徨，觉得天下我最孤独，无人怜爱。却忘了爱不是封闭的，而是开放的；爱不是高傲的，而是朴实的。试着把爱意融入生活中的点点滴滴：常对你身边的亲人、朋友微笑，你的快乐会让他们备感温馨；乘车时给老者让座，你的善良会让他心头一暖；送花给相伴多年的妻子，你的深情会让她觉得生活更加幸福。

当然，我们承受着生活的重压，常常有不顺心的时候，心里难免生出怒气与怨恨，假若任凭这些情绪到处流泄渲染，无疑会使你眼里的世界变得灰暗。你早上坐公共汽车去上班，忘了带公交卡，恰好手机网络不能用，被心情不好的售票员抢白了几句，心里越想越气，走上自己的工作岗位又把这股火发泄到他人身上，如此恶性循环，很多人都会因这些小事搞得一整天心情都很糟糕。假如把恶言恶语换作微笑，结果就大不相同了，人人都处于良好的情感链条上，生活也会因此而轻松。正因为每个人的生活都不容易，这世界才需要我们投入更多的关爱与微笑。

"无情"不是不珍重情感或泛爱，而是让我们怀着一颗平常心，去把握今天的爱。《说苑·正谏》里记录了这样一个小故事。

在采摘桑叶的时节，一个男子和他的妻子一起去田间采桑。看见了桑树林中有一个采桑的女子，貌若春花，动如清风，他一见倾心，立即就去追逐，但却遭到了拒绝。等他回到家的时候，他的妻子也生气地离开了他。

这个故事告诉我们，要珍惜眼前人，过多的欲求有时反而会使自己失去原本拥有的东西。熟悉的地方没有风景，人总是忽视已经拥有的东西，而被那些陌生的不属于自己的东西所诱惑，一旦失去曾经所拥有的，又追悔莫及。就像寓言中的男人一样，本来身边有相守的妻子，还去追逐采桑女，结果采桑女没追到，妻子也离他而去了。虽然故事中只说到外人"笑其旷也"，没有写他的心理，但我们也可以想象他的懊恼与羞愧。

当一个人从当局者的痛苦与迷惘中抽身，变成旁观者的时候，就会发现爱情中的种种喜怒哀乐，都是美好的，都值得欣赏、体会。这也是很多音乐、文学、绘画等艺术的创作源泉。换言之，如果没有这样一个从"有情"到"无情"的心理观照过程，许多艺术作品也就无从产生了。

佳人忘美：美是一种感觉

美到底是什么？古往今来的智者们一再追问，却始终难以给它下定义。庄子说，一个天生的美人，如果不被告知，便永远也不会知道自己是美的。事实上，没有绝对的美，也没有绝对的丑。美是一种会让我们心动的感觉。每个人都爱美人，爱美食，喜欢穿美衣华服。但这种"美"只是眼前的美，是有限的、平凡的美。庄子的"美"却是位于灵魂深处的大美！

如果有一天你的心灵能超越世俗之争，变成北冥中的大鱼，在大海里游一游，之后化为大鹏再跃上天空飞一飞，你就知道庄子的逍遥之美了。如果有一天你在梦里变成庄子，也化作那只蝴蝶，你就能体会到庄子的自在之美了。

相对的"美"

庄子的"相对论"我们已经领教了,在"相对"的世界中,"美"同样不是绝对的、确定的概念:

"莛"是小草,"楹"是大柱;厉是丑人,西施是美女。但是,在庄子看来,莛与楹,厉与西施,根本没有美丑之分。

苏格拉底对种种人生问题的认识常与庄子心意相通,"美"的定义也同样吸引了他。他曾经问诡辩学者希庇阿斯"什么是美"。希庇阿斯毫不犹豫地答道:"美就是一位漂亮姑娘。"苏格拉底立刻质疑说:"一匹母马、一个竖琴甚至一个汤罐也可以是美的。但是,即使最美的姑娘,比起女神来,也还是丑的。那么这姑娘就既是美的,也是丑的……"他们讨论了很久,柏拉图记下了这一连串对"美"的疑问,成就了西方美学史上第一篇系统讨论美的文章《大希庇阿斯篇》。人们想给"美"一个放之四海皆准的定义,但最终发现,立场不同会得出不同的结论。为什么"美"的概念这么难以确定呢?因为美是无限的,是相对的。

美学家们曾辩论过,在审美过程中,是先有"好看"还是先有"好感"呢?对于绝大多数人来说,"好感"总是无条件地先于"好看"而存在的,这样便有了"情人眼里出西施"一说。有一则古代故事,说有位富公子爱上了一个独眼女子,他因此认为天下的女子都应该是独眼的。在这位公子的眼里,长着两只眼睛的正常女子反而很难看。

苏轼曾在诗中写道:"横看成岭侧成峰,远近高低各不同。"说的就是同样的人和事,在不同的人眼里,从不同的角度观赏,会感受到不同程度的美。心境常左右人对美的看法。热恋中的人会把平凡的情人看作天仙;失恋的人看见美艳的玫瑰也会觉得是一种讽刺。酒红色的枫叶,在秋日闲游的人眼里是令人慰藉的美景,离别的人看到的却是"晓来谁染霜林醉?总是离人泪"!

美既然是相对的,那么,使我们感到"美"的,就是我们的心灵。对"美",要有体悟和欣赏的眼光,才能发现"美"。日月星辰虽遥不可及,但只要你欣赏它们,它们的美就属于你。但是,如果你终日冗务缠身,不能抬头看山水,山水再好也徒有其表;如果你忧心忡忡地赶路,花开再美也是枉然。这就是王阳明所说的"你未看此花时,此花与汝心同归于寂;你来看此花时,则此花颜色一时明白起来"。

有一个鲁班雕刻凤凰的故事传说。鲁班在雕刻凤凰的时候,凤凰的冠和爪还没有雕成,翠绿的羽毛也还没描画好,别人看见那凤凰的身子、凤凰的头,就讥笑说那是鹈鹕,都批评它的丑陋和笨拙。等到凤凰雕刻完成,璀璨的凤冠像云一样高耸,玛瑙红的爪子像电一样闪亮,如披着锦缎一样的身子像朝霞一样放光。那凤凰腾飞而起,绕着屋梁翻飞,三天不落下来。这时人们才开始称赞它的神奇美妙和巧夺天工。所以,还要多侧面地观照着,从整体上把握美,那才不会以偏概全。

美是自然

庄子推崇自然之美，自然、朴素的事物在庄子眼里最有生命力。他认为天然的就是美的，一切人为的都是不美的。比如，鸭子腿短，白鹤腿长是其天然特色，都很好看，如果把鸭子的腿续长，把白鹤的腿砍短，非但不美，还会带来流血和疼痛。现在有一种美容手术，可以把身材矮小者的小腿骨通过手术先锯断，再实施拉长，以达到增高的目的。但稍有不慎，这种手术就会造成终身残疾。看到这些，我们也许就更理解庄子的自然美观点了。

庄子还说："一个美女在幼小时并不知道自己是美女，于是姿态自然美好；等她长大了，从别人的目光中读懂了爱慕、欣赏，就开始忸怩作态，自然美也就从她身上消失了。"按照庄子的观点，你展示了最真实的你自己，你就是美的。但人们常常认不清这一点，总是羡慕、模仿他人，却忽视了自己的独到之美。

《世说新语》中说，晋代的诗人潘安容貌非凡，风神俊朗，气度潇洒。他年轻的时候，有一次穿着猎装，携带着打猎的弹弓，驾车经过洛阳的街道，女人们见了，都争相围观。那时的洛阳有个习俗，女人如果喜欢一个男人就往他身上扔水果。洛阳的女子都争先恐后地往潘安车上扔水果，不一会儿，车就装满了。当时与潘安文采齐名的是写了《三都赋》的左思，他长

得丑陋绝伦,世上少有。他听说了这件事,以为洛阳的女子就是热情爱才子,也仿效潘安的样子出去游猎,结果被一群老太太围住了,朝他吐唾沫,弄得他狼狈不堪,落荒而逃。

古人的诗词、小说和戏曲中夸赞一个男子长得美时,常说"貌若潘安",可见潘安是中国历史上的头号美男。美男潘安走到哪里都有轰动效应,好比今天的天王巨星,喜欢他的女子多得不得了。左思的美,美在文采,美在心灵。他不去彰显自己的美,却以自己的丑陋相貌去模仿超级美男潘安,难怪会被一群老太太围住吐唾沫。庄子若与他们同时代,也一定会在书中记下这个故事,这就是男版的东施效颦啊!

庄子认为自然而然是最高层次的美,这看似玄虚,实际上恰好在最根本的意义上朴素而深刻地抓住了美之为美的根本特征。他从自然中得到启示,认为人类的生活只要像"天地"那样实行自然无为的原则,就可以无拘无束,达到最大的自由,获得最高层次的美。他用华美的辞章,无数次地描述了自然之美:"天之苍苍,其正色耶?"(《庄子·逍遥游》)描画出了苍茫天空中,云霞绚丽的壮观之美;"秋水时至,百川灌河。泾流之大,两涘渚崖之间,不辨牛马"(《庄子·秋水》),烘托出了激流浩荡、汹涌澎湃之美;"山林与,皋壤与,使我欣欣然而乐与!"(《庄子·知北游》)传达了人流连于自然之中的精神畅快之美。《庄子》的"美"虽然来源于自然,但最终又超越了自然,从根本上体现为一种生命之美。人在与大自然的交流中,真切地感受生命的存在,并获得了生生不息的活力。

美女失去了丈夫的爱

爱美之心，人皆有之。《论语》中就曾记录下孔子慨叹："吾未见好德如好色者也！"（《论语·子罕》）《庄子·山木》中却有这样一个爱丑妾的男人。

阳子到宋国去，住在一个旅店里。店主有两个妾，一个漂亮，一个丑陋。阳子发现那相貌丑的反而得到喜爱和尊重，那长得漂亮的却被轻视。阳子觉得有些奇怪，就问店主："你为什么喜欢长得丑的却不喜欢长得美的呢？"店主回答："那个美的自以为美，我不觉得她美；那个丑的自以为丑，我却不觉得她丑。"

女人生得美了，便容易引出偏见。这偏见来自外界，也来自自身。世间美丑的标准本来就没有定论，以心换心是人与人相处的法则。相处久了，故作姿态、以美为傲的人必然会被厌恶；而为人谦和，与人为善，就会处处受欢迎。

庄子的书中描写了大量相貌丑陋甚至身体残疾的人，他们非但没有遭到他人的冷眼，反而得到了许多健全英俊之士都未曾得到的尊崇和礼遇。闉跂支离无脤和瓮㼜大瘿两个人长得都非常丑，丑到了无法想象的地步。闉跂支离无脤驼背、拐脚、豁嘴；瓮㼜大瘿脖子上长着瓦盆那么大的瘤子。可是，闉跂支离无脤游说卫灵公，卫灵公不仅被他说服了，还很欣赏他，自此以后，卫灵公再见到形体健全的人，反而觉得不好看；瓮㼜大瘿游说了著名的春秋五霸之一的齐桓公，深得齐桓公喜爱，

从此齐桓公见到正常人,也觉得他们的脖子又细又小不好看。

庄子用人丑心美的一系列寓言告诉我们,要抛去对外在形貌的关注,而更重视充实、美化自己的内心。丑也好、美也罢,顺应自然活着就能得到属于自己的幸福。

钟无盐是历史上著名的丑女,生的高额深眼,长腹粗腿,翘鼻结喉,肥颈秃发,鸡胸驼背,皮肤黝黑,由于貌丑,年过四十岁尚未出嫁。可她虽然貌丑,却天生聪慧,才智过人。有一天齐宣王正在饮酒作乐,钟无盐闯殿求见,自称为齐国嫁不出的女子,听说齐王贤明,愿入后宫,听从大王差遣!齐宣王后宫里国色天香的佳丽比比皆是,他听了无盐的话,看着眼前这个丑女人,禁不住哈哈大笑。不料无盐却镇定自若,一本正经地感叹:"危险啊!危险啊!"齐宣王半是玩笑半是认真地说:"你说危险,那是什么啊?愿闻其详。"无盐慢条斯理,侃侃道来,说出了齐宣王的几个危险:不立太子,众子不教;贤良之士不从政;花天酒地!齐宣王一惊而悟,即刻下令罢去女乐,斥退朝中的奸佞之臣,励精图治,从此齐国国势蒸蒸日上。无盐也成了齐宣王的王后,母仪天下,任何美女都无法撼动她的地位。

历史上的王侯将相,多是三妻四妾,然而,聪明非凡、相貌俊伟的诸葛亮一生只娶了一个女人,并一生爱慕、忠贞于她。以诸葛亮的条件,必然是名门世家选择乘龙快婿的理想对象,谁也没有料到他却找了个丑女结婚。成都的武侯祠里有一组古代木版画,展示了传说中的诸葛亮的婚姻;诸葛亮的忘年之交黄承彦很欣赏诸葛亮的人品、学识。一天，他告诉诸葛亮，自己的女儿黄月英，长得虽丑，不过才干倒与他般配。这黄月英身体壮硕，人如其名，黄头发，黑皮肤，皮肤上还起了一些鸡皮疙瘩，让人瞧见身上就发凉发麻。但诸葛亮不恋美色，娶妻唯才、唯德，欣然同意了这门婚事。诸葛亮随刘备出山，南征北战，黄月英在家里辛勤操持家务，抚养孩子。她非常聪明，发明了会磨面的木头机械人。诸葛亮的"木牛流马"，就是在她的帮助下发明的。

"丑"男人魅力无穷

比喻是一种极好的表达方式，世界上最高明的哲人都善用比喻，释迦牟尼、苏格拉底都善用比喻来言说自己的真知；庄子是运用比喻的大师，他用寓言讲出了自己对"美"的感悟：

春秋时期，卫国有个叫哀骀它的男人，长得极其丑陋，人们乍一见他，通常觉得可怕。然而，熟识他的男人都特别喜欢他，不愿离开他；女人见过他，即请求父母说：与其做别人的妻子，不如给哀骀它当妾，这样的女人已经有十几个了，而且数字还在增加。鲁哀公听说有这样一个人，便把他请去。初见时也有点儿害怕，可是没多久就喜欢上他了。相处不到一个月，鲁哀公觉得他在平淡中确有不少过人之处；相处不到一年，就很信任他了，决定让他当宰相，把国事委托给他。当时哀骀它反应淡淡的。鲁哀公甚至想把整个国家都拱手相让，但却被哀骀它断然拒绝了。后来哀骀它走了，鲁哀公还伤心了好一阵子。

这让人想起了台湾明星赵传，他有一首著名的歌《我很丑可是我很温柔》，也许哀骀它就是一个外表丑陋、内心温柔，能顺应自然之道而为的人吧？所以他才大受欢迎。用今天的社交话语来诠释，哀骀它是一个很好的"倾听者"，所以他周围的人都喜欢和他在一起，不愿意离开他。

外在美很容易被人看到，所以长相漂亮的人一般比难看的人占优势；而内在美是隐藏的，需要花时间来发现。哀骀它外形虽丑，但内在的精神却吸引人。上至国王，下至平民，只要和他交往的人都喜欢他。女人都像现在的追星族一样，把他当作偶像，争着想嫁给他。他一无权位二无财产，也没有什么高深的理论和显赫的功绩，可是这个"丑"男人却受到几乎所有人的喜爱和赞美。这个寓言告诉我们，只有内在的美才可靠、长久，才值得追求和尊崇。虽然外在的容貌、身材、权位、财产等也很吸引人，可内在的品德、真诚、恬淡等给人的感受则更有魅力。"桃李不言，下自成蹊"，桃树、李树有着芬芳的花朵，甜美的果实，虽然它们并不宣扬自己花果之美，但仍然会吸引很多人到树下赏花尝果，以至树下都走出一条小路来。哀骀它的心就是开花最美、果实最甜的桃李吧？

三国时的庞统长得很丑，鲁肃把他推荐给孙权，但因庞统容貌丑陋，态度傲慢而没被重用。于是庞统往荆州投靠刘备，一开始他也因相貌受到冷落。后来刘备发现了他的才华，重用他。庞统后来立了很多大功，也算是个"有魅力的丑男人"吧。

鲁国的叔山无趾，是一个断了脚趾头的残疾人，他用脚后跟走路去见孔子。孔子见他没有脚趾，只能用脚后跟走路，认为他是个受过刑的人，也看不起他，而且贬责他。叔山无趾说："我是因为不识时务，轻率鲁莽，才被砍了脚趾。我现在来请教你，是因为我身上有比脚更重要的东西，我想竭力保全它。"孔子赶紧说："我太浅薄了，您请进来吧，谈谈您的见解。"可是叔山无趾扭头就走了。

叔山无趾说的"有比脚更重要的东西"，就是内在的精神品质。《庄子·德充符》中的这个故事以孔子来讽刺那些被世俗之见所囿的人，这些人忽视了人生的最美——精神之美。安徒生、米开朗琪罗、贝多芬都不漂亮，甚至丑陋，可人们却因他们的才华而永远记住了他们。

庄子正是以天下少有的奇丑之人为喻，进一步说明自己的主张：丢掉外在的一切虚浮，注重内在精神的完满。他自己的形象就是这一理论的最好注脚：破衣烂衫，形容枯槁，站在那里就像一棵冬天的枯树！他不像战国诸子那样总是高冠华服，仪表堂堂，坐着纹彩雕饰的马车，在各国间跑来跑去，卖弄三寸不烂之舌，但是，庄子的心中却有一个大宇宙！

美未必幸运

那皮毛丰美的狐狸与皮毛花纹漂亮的豹子居住在深山野林中，躲藏在岩洞穴窟内，昼伏夜出，小心谨慎。虽然饥渴交迫，

还要到远离人烟的地方去寻找食物,可以说是警觉、谨慎极了,但最终还是无法逃脱猎人的罗网。庄子说,这就是因为它们身上的皮毛太美丽了,所以招来杀身之祸。

古人把祭祀当作一件大事,祭祀中所用的祭品,称作"牺牲"的,要选高大健美的雄性动物充当。祭祀前,要先把这些动物精心饲养,等养得皮毛光滑漂亮了,就杀死呈上祭坛,献给祖先和神灵。所以,当楚王的臣子来请庄子去做宰相时,他说:"做宰相,就好比为祭祀而养的牛,用最好食料喂养它,却最终难逃一刀宰的悲剧,哪有自由、快乐可言!"庄子剥去了"富贵"的美丽面纱,看到了"富贵"身后的血腥!

明代耿定向编著的《权子》一书中记载了"孔雀爱尾巴"的故事。

一只孔雀有着金黄色和青绿色相间的漂亮尾巴,那美丽是画家也难以描摹的。这只孔雀生性嫉妒,看见穿着漂亮衣服的少男少女,就一定追着去啄他们。在山上栖息的时候,它先选择一个地方来藏起尾巴,然后才安置身子。有一天下雨,孔雀的尾巴被雨水淋湿,这时候捕鸟的人来了,它爱惜自己的尾巴,不肯拖着湿尾巴飞,于是就被捉住了。

美丽有时候也是一种拖累啊!

张爱玲曾说过,乱世中的美貌好比是带着金银珠宝逃难,多添了许多危险。

美本身是无罪的,有罪的是人们畸形的占有欲。在珍珠美玉的光芒照耀下,人的欲望被极度地放大乃至扭曲,所以才有了许多血溅珠玉的故事。

　　对于美，我们应该是欣赏并且尊重的，就像明末清初的美女陈圆圆，众多英雄豪杰都拜倒在她的石榴裙下，吴三桂更是"冲冠一怒为红颜"，使得国破家亡。当时很多人都骂她是祸国殃民的红颜祸水，只有吴梅村一个人理解她，留下了千古传颂的《圆圆曲》。

　　不要将注意力过多地集中在生命中各种华美的外壳上吧，这样才能让心灵放松，让生命自由。

第五章　相忘于江湖：平常心看世事

庄惠之辩：君子之交淡若水

俄国诗人普希金在一首诗中说："无论是多情的诗句，漂亮的文章，还是闲暇的欢乐，什么都不能代替无比亲密的友谊。"常言道："一个篱笆三个桩，一个好汉三个帮。"人生一世，可以没有金银财宝，可以没有高官厚禄，但不能没有朋友。多一个朋友多一条路，少一个朋友路难行；在家靠父母，出门靠朋友——没有朋友的人生是孤独无聊的。

"君子之交淡若水"是中国人长期以来推崇的理想交友境界，这个美好的境界是庄子在两千多年前为我们勾勒出来的。他说，"君子之交淡若水，小人之交甘若醴"，(《庄子·外篇·山木》) 庄子的这句交友名言人尽皆知。这话乍听起来似乎有些令人费解，何以君子之交像白开水一样淡而无味，小人之交反倒如美酒一般甘甜可口呢？

水虽淡而无味,对人来说却是最重要的饮品,人不能一日无水;酒虽甘美,可逞一时之快,却会使人烂醉如泥,伤身误事。方孝孺对庄子的这句话体会得很深:"君子淡如水,岁久情愈真;小人口若蜜,转眼如仇人。"诸如马克思与恩格斯的友谊,三国中刘关张的义交,俞伯牙与钟子期的知音之遇,堪称"淡若水的"君子之交"。

一个人要成就一番事业,离不开朋友的帮助。友谊是信任、是理解、是诚恳、是无私、是奉献。多一些如水的友谊,少一点醉过就忘的酒肉朋友,活得会更踏实、更幸福。

庄子无人对话了

《庄子》一书中,记载了很多有关惠施的言行,他总是作为庄子嘲笑的对象和辩论的对手出现,两人经常争得面红耳赤。这似乎给人一种错觉:两个人颇为交恶。我们在说友谊的时候常常说"志同道合"。惠施是名家,庄子为道家,两人的思想有很大的不同,可以说志不同道不合,但他们却是最互相懂得的朋友。他们的友谊,点点滴滴散落在一次又一次的相互驳难中。

惠施有时候也讽刺庄子,他把庄子比喻成一个超大的葫芦,却没什么用处,是想嘲笑庄子的思想大而不当。庄子却反驳他根本不理解什么是"无用"之用。任何一种东西都是有用的,只是你的心灵没有发现其价值而已。惠施和庄子的辩论显示出,惠施总是从日常观念来考虑问题,而庄子的哲学却是超越日常

的。他们就这样争吵不休,生活中的很多细节都能引起他们的辩论。虽然他们的观点从来都不相同,但他们都为能在辩论中展示自己的思想而高兴。在交往中,这对朋友保持了自我,是能够进行精神交流的朋友。

不幸的是,惠施病逝了。据《庄子·徐无鬼》篇记录,庄子非常悲痛。有一天,庄子路过惠施的墓地,伤感之情油然而生。身边的人以前总看到庄子和惠施吵架,所以对庄子的悲痛有些不理解。庄子就给他们讲了一个故事:

楚国的郢都有个勇敢沉着的人,他的朋友石是个技艺高明的匠人。他们俩有一项绝活,那就是郢人要是不小心把一点儿石灰溅到鼻子上,抹不掉的话,石就用斧子将鼻尖上的白灰削下来。周围的人都想,鼻尖上的白灰那么薄,这一削不把郢人的鼻子削下来或脑袋凿开花才怪呐。可是,只见匠人果断地抡起斧头,一阵风似的挥过去。众人都吓得出了一身冷汗,而郢人却从容地站在那里,面不改色心不跳。只一眨眼的工夫,郢人鼻尖上的白灰就不见了,鼻子却没有受到丝毫损伤。众人不禁啧啧称奇!

后来这件事传到了宋元君的耳朵里,有一天他派人把石找来,说:"听说你用斧子的准头特别好,能砍掉别人鼻尖儿上的白灰,我不信!我在鼻子上滴一点儿白灰,你砍给我看。"石摇头说:"我以前确实能用斧头削去朋友鼻尖儿上的白灰。可那是因为我的朋友和我配合默契我才可以做到的。现在,我的这位朋友已经不在人世了,所以我再也不能表演这项绝活了。"

庄子讲完故事，十分伤感地看着惠施的坟墓，长叹了一口气，说："自从惠施去世以后，我再也没有人对话了。"

我们赞叹石的高超技艺，同样也佩服郢人的镇定。这镇定来自对石的信任。正是这种相互欣赏成就了两个人的不凡。这样我们也就不难体会庄子为什么说"我再也没有人对话了"！当庄子经过惠施墓的时候，想到曾经一同出游、相互辩论的老朋友和自己阴阳两隔，凄凉、感慨、思念……但他只讲了这个淡淡的故事。庄子没有直接说出两人之间的默契与友情，我们却从中体会出了那份蕴藉深沉的感情。能以这样一个有趣而神奇的寓言，来譬喻他和死者的友谊，以及两人之间的熟悉与了解，如此神来之笔，非庄子莫能为！

心心相印的朋友

朋友就像是镜子，可以正衣冠，可以知得失。但镜子也有不同，有的镜子大，可以照全身；有的镜子小，只能看眉眼；更有些哈哈镜，会扭曲我们的形象。大镜子可以令我们了解整体搭配是否合适，小镜子则方便我们随时检点，至于哈哈镜，除了逗人一笑就毫无用处了。人的一生中会有很多朋友，但真正能与你精神相通的朋友却凤毛麟角。

这让我们想起了俞伯牙和钟子期的故事：

在春秋时期，有一位著名的音乐家，他的名字叫俞伯牙，曾担任晋国的上大夫。他弹起琴来，犹如仙乐飘飘。虽然有许

多人赞美他的琴艺,但他却一直认为没有遇到真正能听懂他琴声的人。

有一年,俞伯牙奉晋王之命出使楚国,船行到一座高山旁时,突然下起了大雨,他停在山边避雨。俞伯牙望着雨打江面的生动景象,琴兴大发,取出随身带的瑶琴,对眼前的高山流水,尽兴地弹奏起来。俞伯牙正弹到兴头上,突然感到琴弦上有异样的颤抖,琴弦一下断了。这是琴师的心灵感应,说明附近有人在听琴。俞伯牙走出船舱,果然看见岸上树林边坐着一个砍柴人。

俞伯牙心想,一个打柴的樵夫,怎么会听懂我的琴呢?于是他就问:"你既然懂得琴声,那就请你说说看,我弹的是一首什么曲子?"打柴的人笑着回答:"先生,您刚才弹的是孔子赞叹弟子颜回的曲子,只可惜,您弹到第四句的时候,琴弦断了。"打柴人的回答一点儿不错,俞伯牙不禁大喜,忙邀请他上船来细谈。这个人就是钟子期。钟子期看到俞伯牙弹的琴,便说:"这是瑶琴,相传是伏羲氏造的。"接着他又把这瑶琴的来历说了出来。俞伯牙即兴弹了一曲《高山》,钟子期赞叹道,"多么巍峨的高山啊!"俞伯牙又弹了一曲《流水》,子期又赞,"多么浩荡的江水啊!"俞伯牙又佩服又激动,对钟子期说,"这个世界上只有你才懂得我的琴声,你真是我的知音啊!"

两人由此成了莫逆之交,并相约第二年再来此地相会。谁知后来钟子期突染重病而亡。第二年,俞伯牙如期赴约,得知子期病故，顿觉五雷轰顶，当即来到钟子期的坟头，哭诉知音难觅之情。随后，他再一次弹起了《高山》《流水》之曲。弹罢，他挑断琴弦，长叹了一声，把珍贵的瑶琴在青石上摔了个粉碎，再也没有弹过琴。由此，便诞生了一段脍炙人口、千古流传的"俞伯牙摔琴谢知音"的动人故事。直至今天，人们还常用"知音"来形容心心相印、志趣相投的朋友之间的友谊。

二十世纪上半叶，同为大学者的陈寅恪与梁启超，堪称"君子之交"、惺惺相惜的典范。被称为"活字典""活辞书"的陈寅恪，学贯中西，却没获得过任何学位。直到1925年，他也没有任何著作问世。当时，梁启超向清华大学校长曹云祥推荐陈寅恪应聘清华大学国学院，曹云祥因其没有学位和著作不想要。梁启超生气地对曹校长说："我梁某也没有博士学位，著作算是等身了，但总共还不如陈先生寥寥数百字有价值。好吧，你不请，就让他在国外被别人请吧！"接着梁启超又指出了柏林大学、巴黎大学等几位名教授对陈寅恪的推崇，曹听后立即决定聘用他前来任导师。就这样，陈寅恪与梁启超、王国维、赵元任一道，成为清华国学院公认的"四大导师"。梁启超和陈寅恪的友谊，也永远地写在了现代学术史上。

林回逃难见真情

周朝时，有一个诸侯国灭亡了，亡国的难民中有个叫林回的，他舍弃了价值千金的玉璧，却背负着婴儿逃难。难民中有

人不理解林回的选择:"你这样做是为了金钱吗?如果是为了金钱,一个婴孩能值几个钱?"又有人问:"你不害怕受拖累吗?带着一个吃奶的婴儿逃难,给你添的麻烦简直说不完。国难当头,你真不明白抛弃千金之玉,而背上婴儿这个包袱的压力有多大吗?"

林回背着孩子说:"我和那块宝玉是以利益相结合的,我和这婴儿却是以天性相结合的。和金钱、利欲结合在一起的关系,遇到天灾人祸时便会互相抛弃;和天性结合在一起的关系,遇到患难便会相依为命。互相抛弃与互相依存,实在是相去十万八千里啊!"

用金钱利欲结成的关系是暂时的,不能经受患难的考验,而患难才能见真情。

管仲和鲍叔牙都是颍上人,他俩年轻时就成为好朋友。他们合伙做生意,管仲出很少的本钱,分红的时候却拿很多钱。鲍叔牙毫不计较,因为他知道管仲的家庭负担大。有好几次,管仲帮鲍叔牙出主意办事,反而把事情办砸了,鲍叔牙也不生气,还安慰管仲,说:"事情办不成,不是因为你的主意不好,而是因为时机不好,你别介意。"管仲参军,冲锋时跑得很慢,撤退时跑得很快,大家都笑话他是懦夫,只有鲍叔牙理解他,知道他之所以不敢拼命,是因为家有老母无人照料。管仲被俘投降,大家都笑话他贪生怕死,只有鲍叔牙理解他,知道他是想为天下做大事而不羞于小节。管仲感叹地说:"生养我的是父母,但是真正了解我的是鲍叔牙啊!"

后来，管仲和鲍叔牙都从政了。当时齐国朝政很乱，王子们为了避祸，纷纷逃到别的国家等待机会。管仲辅佐在鲁国居住的王子纠，而鲍叔牙则在莒国侍奉另一个齐国王子小白。不久，齐国发生暴乱，国王被杀死，国家没有了君主。王子纠和小白听到消息，都急忙动身赶往齐国，想抢夺王位。两支队伍正好在路上相遇，管仲为了让纠当上国王，就朝小白射了一箭，谁知正好射到小白腰带的挂钩上，没有伤到小白。后来，小白当上了国王，历史上称为"齐桓公"。

齐桓公想让鲍叔牙当丞相，帮助他治理国家。鲍叔牙却认为自己没有当丞相的能力。他大力举荐被囚禁在鲁国的管仲。之后齐桓公被鲍叔牙说服，把管仲接回齐国当丞相，而鲍叔牙却甘心做管仲的助手。在管仲和鲍叔牙的合力治理下，齐国成为诸侯国中最强大的国家之一，齐桓公成为诸侯王中的霸主。

管仲病危时，齐桓公向他征询谁可继任宰相一职，问他鲍叔牙行不行，管仲一口否定说："鲍叔牙最大的毛病就是人品太好、太清廉了，当宰相的人必须能包容一切，包括一些肮脏的东西，叔牙不合适。"事后鲍叔牙知道了，心里非常高兴，他觉得管仲懂他，了解他。管仲和鲍叔牙之间深厚的友情，成为中国代代流传的佳话。人们常常用"管鲍之交"来形容自己与好朋友之间彼此了解、彼此信任、危难中不离不弃的关系。

有的朋友只是在一起吃喝玩乐，能同甘，不能共苦；有的朋友虽远隔千山万水，但喜怒哀乐还是与他紧紧相牵。"桃园三结义"的刘、关、张是令人羡慕的真心相交的三个朋友，为

了一个共同的理想，可以同生共死。相反的例子，"贼友"在身边则是躲不过的祸。庞涓和孙膑本是同窗，但是为了权势，庞涓挖掉了孙膑的膝盖骨。韩非跟李斯原来都是荀况的学生，李斯也知道自己的才能不如韩非。当韩非到秦国寻求发展的时候，李斯怕他抢了自己的位置，于是诬陷韩非，将其扔进监狱，然后又逼他自杀。可见交到真朋友对于人生的重要性。

真正的好朋友，是相聚时不必去高档饭店，在家炒两个小菜，泡一壶茶水，也能乐开怀；真正的好朋友，是不必日日通电话，但有困难时一招即来；真正的好朋友，是成功时能为你鼓掌，但提醒你戒骄戒躁。不用日日相守，但在心里，你会对自己说，有好朋友，是福。

孔子找回友谊

友谊的前提是善于择友。有锦上添花的热闹朋友，让你感觉生活是花好月更圆；有雪中送炭的可贵朋友，寒冬腊月也让人心暖如春；有直言不讳的耿介朋友，提醒你在高处不可骄，在低处不可易志。"多一个朋友多一条路"，朋友多自然是好，但不可滥交朋友。热闹时不请自来、危难时不见踪迹的朋友，要趁早了断。与谄媚、虚浮的人接近无异于树木和火苗交友，其结果可想而知；而与正直诚信的人交友却能提高自己。

怎样才能识别什么是真正的友谊，并为友谊保鲜呢？《庄子·山木》篇说，孔子也曾为此疑惑过，他去请教鲁国的隐士子桑雽，说："我两次在鲁国被驱逐，在宋国受到伐树的惊辱，在卫国被人禁止居留，在商、周之地穷困潦倒，在陈国和蔡国之间受到围困。我遭逢这么多的灾祸，亲朋故交越发疏远了，弟子们也离散了，这是为什么呢？"

子桑雽回答说："以利益相合的关系，遇上困厄、灾祸、忧患与伤害就会相互抛弃；以天性相连的，遇上困厄、灾祸、忧患与伤害就会相互包容。大凡无缘无故而接近相合的，那么也会无缘无故地离散。"孔子说："我会由衷地听取您的指教！"于是，孔子闲适自得地走回家，一路上反省自己。他一到家就决定停止空洞的学问研究，放下了没用的书简。跟弟子们相处，再也不要他们讲求虚礼，打躬作揖了。弟子没有一个侍学于前，可是他们对老师的敬爱之情反而更加深厚了。

真正的友谊往往在一个人困难的时候才能体现出来的。唐贞观年间，薛仁贵尚未得志之时，与妻子住在一个破窑洞中，衣食无着，全靠王茂生夫妇接济。后来，薛仁贵跟随唐太宗李世民御驾东征时，因平辽功劳大，被封为"平辽王"。一登龙门，身价百倍，前来王府送礼祝贺的文武大臣络绎不绝，可都被薛仁贵婉言谢绝了。他唯一收下的就是普通老百姓王茂生送来的两坛清水，并当众饮下三大碗，说："我过去落难时，全靠王兄弟夫妇经常资助，没有他们就没有我今天的荣华富贵。如今我美酒不沾，厚礼不收，却偏偏要收下王兄弟送来的清水，因为我知道王兄弟贫寒，送清水也是王兄的一番美意，这就叫君子之交淡如水。"此后，薛仁贵与王茂生一家关系甚密，这

段佳话也就流传了下来。

西方哲学家西塞罗说得好:"把友谊归结为利益的人,我认为是把友谊中最宝贵的东西勾销了。"

这个世界上没有完美无缺的人,如果你睁大眼睛看对方,总会发现对方有很多的弱点。用这样挑剔的目光看世界,你既不会找到爱人,也不会有一个朋友,甚至,你也体会不到什么是美。

庄子认为,无论世人处于什么位置,是幸福甜蜜、意气风发,还是穷困潦倒、入不敷出,都应用一颗平常心去面对人生的风云变幻。

这一颗"平常心"不会因历史的发展、时间的推移而失去意义,反而更具有魅力。少一些浮躁,多一些平和;少一些狭隘,多一些宽容;少一些拼命,多一些善待,你就能拥有一颗"平常心"。当我们有了这样的"平常心",我们也能像庄子一样欣赏自然之美,拥有人世之乐了。

第六章 薪火相传：智者的生存之道

火是温暖的,火是热烈的,火使人告别了茹毛饮血的野蛮,迈进了文明的时代。所以,火在全世界的早期哲学话语中都是美好的象征。在西方神话中,火是普罗米修斯从上帝那里偷来的。由于给人类带来了火,他被上帝惩罚去做无尽的苦役,人类因他的牺牲而把他看作英雄。中国则用"薪火相传"形容文明的传承,这个典故也源出庄子。他说:"指穷于为薪,火传也,不知其尽也。"(《庄子·养生主》)木柴在古代叫作"薪",当薪柴被点燃时,它本身的燃烧是有穷尽的,但前柴烧尽,后柴又燃。单从现象看,每一块薪柴是很容易燃尽的,但火种却由此得以延续。这就叫"薪火相传"。我们有限的生命就像燃尽的木柴,而精神的火种将在不断续添的新木材上延伸下去,薪火相传,超越有限,以至无穷。

在看破了生死,看淡了功名,看尽了繁华,用一颗平常心看世间的同时,庄子却为我们期盼生命永驻、渴望永恒的心提出了一种可能——精神的力量会永远延续下去。这也是他当年在薄薄的竹简上用淡淡的墨写下自己心灵所得的原因吧？他虽不屑于功名利禄、华衣美服，但却珍视思想的表达。他的思想之美、精神之韵，经一代代中国人一直传递到今天，并将从我们的手上继续传递下去。

第六章 薪火相传：智者的生存之道

庖丁解牛：养生之道顺乎天

每个人的生命都是唯一的、独特的、不可替换的。我们要学会爱自己：不是怜惜、伤感地去爱，而是理智地去爱。所以，庄子说，既然自然造化赋予人生命，人类本身更要善待自己的生命。

战国时代，诸子百家的主要哲学命题一般都是针对社会和国家大事阐发的，如法家谈"富国强兵"，儒家重视"修身、齐家、治国、平天下"，墨家主张"节用""非攻"，而庄子却把对生命的珍爱当作主要思考方向，他思考着如何能让有限的生命在人世间获得快乐和安宁。《庄子》中有一篇《养生主》，谈的就是养生的要领。庄子启发人类把思考转向自身，不要汲汲营营地为迎合社会的需求而消耗生命。

庄子用十分超然的态度看待人生，一切顺其自然。他生活贫困，有时甚至不得不向别人借米糊口，但他对这些都抱着超然的态度,所以才能在物质匮乏的条件下得以长寿。

想养生就学学庖丁吧

如今的人们,健康意识和自我保健意识不断增强,养生也越来越多地引起人们的关注与兴趣。于是,出现了饮食养生、运动养生、瑜伽养生、保健品养生、针灸按摩养生……养生内容丰富多彩。《庄子·养生主》讲过一个庖丁解牛的故事,告诉人们,养生的方法莫过于顺其自然。

一个叫作丁的厨师,善于解剖牛。他的刀用了十九年,杀了数千头牛,还像刚磨出来的一样。他解剖牛的时候,牛感觉不到痛苦,他的刀在牛的骨缝之间游走,还能发出悦耳的声音。他杀牛就像给牛解开身上的捆绑一样。他的屠牛动作像是《桑林》之曲的美好舞步,他宰牛的声音和着《经首》之曲的动听节拍。

牛的躯体,好比一个纷繁复杂的社会。庖丁就是个善于养生的人,而养生就像刀入牛体,依照牛的自然筋骨而行就能自如地应对各种繁难复杂的关系,从而获得生命的主动和自由;反之,则会劳心伤神、疲于应付。庄子认为,善于养生的人处事都遵行自然的轨迹,不刻意而行,不损身伤神,就像庖丁解牛不去碰牛的筋骨盘结处一样,能游刃于是非、善恶的空虚之处。

庄子不愧是个诗人哲学家,他用一个原本充满血腥的屠牛

故事，把养生的主题演绎得充满了艺术的美感。面对种种复杂的盘根错节，人们要找到其中的缝隙，顺其自然，就能养生、保全。

在庄子看来，一个人若要养生，必须内外兼修，这样才能获得肉体的高寿和精神的长久。如果只是为了延续生命而养生，那不过是浪费地球资源而已。他讲了这样一个故事：

有个叫单豹的人，隐居山林，与世无争，活到了七十岁，鹤发童颜。可是，有一天，他在山林中遇到了老虎，被老虎吃了。还有一个叫张毅的人，八面玲珑，在社会中如鱼得水，所得颇多，可是在四十岁时得内热病死掉了。

单豹没有抵御过外部的袭击，张毅败给了自己的内心，两个人都不是真正善于养生的人啊。

现代经济社会的快节奏使人们长期处在白热化的竞争气氛中，人常常紧张、苦闷和失望，致使情绪跌宕。自然已经离我们太远，我们往往把远古的自然状态称作落后，把今天叫作文明。想在这样一个远离自然的社会中处世自如、养生保健，就要学学庖丁解牛，平时潜心观察，遇到困难时不要硬碰硬，就能保全自己。庖丁解牛，启发人们如何在荆棘遍地的环境中找到一个休憩之所。

看淡生死

在庄子那个年代，医术不发达，还有很多非自然死亡的可能，如战乱、饥荒。人的生命是非常脆弱的，人生于世常常要面对死亡带来的恐惧。所以，在庄子看来，对死亡的恐惧可以说是养生最大的障碍。对死亡抱着顺其自然的态度，是庄子养生哲学中很重要的一部分。

英国首相丘吉尔临终前，别人问他还有没有什么话想说，他旷达地说："一切都厌倦了。"之后从容辞世。丘吉尔也许就是看透了生死吧？既然生死都是自然的变化，那就不要让死成为生的束缚，只有这样你才能更好地珍惜生命，养护心灵。

《说岳全传》中有这样一个精彩情节：金兀术挥斧要取牛皋性命，争斗中两人从马上摔倒在地，牛皋正好骑在金兀术背上。金兀术回头一看，打倒自己的竟是自己最瞧不起的牛皋，不由得气上心头，口中喷出鲜血不止而死。牛皋看到不可一世的金兀术成了自己的手下败将，快活极了，哈哈大笑，一口气不接，竟笑死于金兀术身上。"笑死牛皋，气死兀术"的传说，说明情绪过于激动对健康极为有害，甚至会导致突然的死亡。

我们常说人有"七情六欲"。在中医看来，这"七情六欲"都是人体对外界环境的一种正常生理反应，但是，如果这种生理反应超过了正常的限度，就会造成身体异常。当人在大笑、盛怒、悲伤等情绪极度激动时，会引起全身血管收缩，心跳加快，血压升高等症状，容易诱发心绞痛、心肌梗塞、脑溢血等严重疾病。《黄帝内经》就曾指出："怒伤肝""喜伤心""思

伤脾""忧伤肺""恐伤肾""百病皆生于气"。比如怒会伤肝，特别是有些肝硬化患者因为过度激动容易引发上消化道大出血，《三国演义》里的周瑜，就是被诸葛亮三气之后口吐鲜血而死的。

长寿的彭祖

彭祖是轩辕黄帝的第八代传人，他首创了食疗和气功健身，传说他因为善于养生而活了八百岁，以"延年益寿"而闻名于世。

这样一位著名的老寿星，是怎样养生的呢？让我们一起来看一看《庄子·刻意》篇中的彭祖吧。

彭祖练习吐故纳新，将肮脏的气息呼出来，将新鲜的空气吸进去；他还模仿熊攀树悬吊、鸟在高空中展翅的姿势进行肢体锻炼，以增强体质，祛病增寿。

一个人如何理解生命、理解生命和外物的关系，这对于养生来说是最根本也是最重要的。彭祖长寿的秘诀不只是食疗和练气功，最重要的就是养心。一个人如果每天心性不佳、心绪不宁，势必吃不香睡不甜，干什么都心猿意马、心浮气躁，还能谈得上健康吗？养心是针对日常生活中人们的压抑、不和谐、郁闷而言的，要抛却这些不良情绪，培养自己恬淡自然的心境。一个心情总是抑郁的人怎么能有一个好身体呢？那些长寿的人的共同点就是心胸宽广，不为鸡毛蒜皮的事情耿耿于怀。我们在社会生活中必须正确地评价自己，永远保持一颗平常心，不要跟自己过不去，凡事量力而行，有一个宽广豁达的胸怀和与人为善、体谅他人的个性。

著名书法家于右任先生一生饱经风霜坎坷，却健康长寿。一次，友人询问他长寿的养生秘诀，他指着自家厅堂墙上挂着的一幅字画，微笑不语。那是一幅莲花图，配着一副对联：不思八九；常想一二。横批是：如意。

人们常说：人生不如意事常八九，也就是说，生命里不如意的事占了绝大部分，而欣慰的事只占十之一二。我们如果要过快乐人生，就要常想那一二成好事，懂得珍惜，这样就会感到庆幸，不至于被八九成的不如意打倒了。

"养生"养的是质量，而非长度，因为就算你活得久，可是跟彭祖相比，也是短寿。所以庄子说，不要让身体成为名誉的寄托、谋略的场所和世事的负担。《儒林外史》中的范进因为中举太高兴了，居然得了失心疯，结果只好去找范进平时最怕的岳父胡屠夫，打了他一个大嘴巴，才把他打醒。庄子曾形象地比喻说，山林里的野鸡，走十步才能找到一口吃的，走一百步才能找到一口喝的，却逍遥自得；而笼中的鸟儿饮食充足，羽毛光亮，但有翅难飞，蹦跳不能，无精打采。当你的形体得到满足的时候，心就被安逸的枷锁套牢，丢失了自由。

一颗充满欲望的心是劳累不堪的，要学学彭祖，饮食得当，身体锻炼适宜，养心养气，淡泊名利，平和心境，就能长寿。

支离疏因残疾有福

每个人都是带着父母的美好期望走向社会的,可是,你可能并不是得天独厚的一个,命运对你并不垂青。庄子的笔下有一个叫作支离疏的怪人,长得"奇形怪状"。他头弯过腰,肩膀高过头顶,发髻朝天,两条腿和胸肋骨长得连在了一起。就因为身体支离不全而得名支离疏。这种残疾和扭曲,不知庄子是怎么想象出来的。这样一个残疾人靠什么生活呢?支离疏替别人缝洗衣服就能养活自己,替人洗衣、筛糠簸米则可以养活一家十几个人。打仗的时候,官府到处拉人当兵,支离疏大摇大摆地在街上走也没人会要他;国家有徭役,他因身体残疾也免于被征;有时候,国家救济贫民和残疾人,像支离疏这样的,还可以领到不少柴米。他虽然身体残疾,但最终得以养身,并享尽天赐的寿命。

庄子说,有智慧的人不会计较形貌的残缺、丑陋,这些缺点往往还能免遭许多祸害,使人得以保全。土地庙边的大树正因为百无一用,所以才能活得长久,否则早被工匠伐去当房梁了;支离疏正是因为身体残疾,所以才免于兵役和徭役,享受国家救济,还保护了自己的生命。所以说,无用之用是大用!一般人只看到了眼前的利益,却忘记了维护自己的生命和身体。

有个人拜见宋国国君宋襄王,此人其实没什么才能,但宋襄王一时相信了他,就赏赐给他十辆车。他驾着车在庄子面前炫耀,一脸骄傲的态度,认为学识高深的庄子已经在他之下了。

庄子便给他讲了个故事：黄河边有个贫苦人家，靠编织苇席糊口。一天，这家的儿子，潜入深渊，捞到一颗价值千金的珍珠。可他的父亲见了，却十分慌张地说："快用石头砸了它吧！你要知道，这千金之珠只有九重深渊下的骊龙（即黑龙）的喉咙里才有，你弄到这颗珍珠，一定是碰巧遇上它睡着了。要是那骊龙醒着的话，你哪里还有活的希望！"庄子说："而今的宋国，比九重深渊还深；宋王的凶猛，比骊龙还胜一筹。你能得车，必是碰上他睡着了；假使宋王醒来，你恐怕就要粉身碎骨了。"

成语"探骊得珠"就出自《庄子·列御寇》。庄子辛辣地讽刺了只见名利不懂养生保命的人。因为在一个乱世，面对暴戾的君主，任何积极的努力可能都会引火烧身。基于这种认识，庄子一生也没有做大官，始终维持着平民的贫苦生活。

战国四君子之一的魏国信陵君，广结天下豪杰，拥有了足以与魏王抗衡的政治实力，魏王也不得不让他三分。后来他"窃符救赵"，解救了正受秦兵威胁的赵国，建立了巨大功勋。但魏王却对他忍无可忍了，因为诸侯只知道有魏公子信陵君，却不知道有魏王。秦国施以离间之计，促使魏王剥夺了信陵君的实权。魏王担心信陵君有朝一日东山再起，将他视为心腹大患。信陵君为此谢病不朝，从此与宾客在家中夜夜豪饮，常跟女人厮混，以降低人格的方式减轻魏王的戒惧，终于在公元前243年因饮酒过度得病而死。

月有阴晴圆缺，人有旦夕祸福，每个人都有可能遭遇各种不幸，有的人天生丑陋，有的人身有残疾，有的人因罪受过刑

罚,有的人心理遭受过创伤。在现实生活中,我们应该如何面对身体残缺和心理创伤所带来的不幸呢?

支离疏是个超级残疾,老天生他如此,可谓天降奇祸。也许现实的生活中,没有长成支离疏那样奇形怪状的人,但是,善于讲寓言的庄子,借用了支离疏这个形体残缺得近乎狰狞的怪人,表达了一种观点,那就是,无论人生遇到什么情况,总会有路可走。支离疏的残疾相对于健全人,无疑是一种不幸。但如果将这视作一种生命的历练,坦然面对,又何来不幸呢?如果你觉得无路可走,那是因为你没有看到更广阔的天空。比如,思想丰富的张海迪,在音乐方面有着超凡性灵的周周,《千手观音》的领舞邰丽华,他们虽然身有残障,但都找到了充分展现一己之美的人生之路。通过支离疏的故事,我们了解到,只要敢于正视自己的弱点,对自己的优势善加利用,仍然有机会获得尊敬,找到幸福。我们还要牢记,我们永远都没被决定,我们的未来掌握在自己手里。

平易恬淡最长寿

庄子认为,如果一个人终日躁动不安,定会心力交瘁,百病丛生。他提醒我们,应当磨炼自我控制的能力,要善于在纷乱的环境中保持自我,在奋进中拥有一颗宁静的心。他说:"平易、恬淡,则忧患不能入,邪气不能袭,故其德全而神不亏。"(《庄子·刻意》)

恬淡寡欲对人的精神修养、情志调节起着很好的作用。庄子极力主张"少私寡欲"。他认为"私"是万恶之源，百病之根。一个人如果私心满腹，遇事便会斤斤计较，患得患失，久之必然积虑成疾，疲困不堪。而欲是人的一种生理本能，饿了有食欲，困了有睡欲，缺东西时有物欲，情窦初开时有情欲。但凡事总要有个尺度，欲望多了、大了，就会生出贪心，必然欲壑难填。贪求私欲者往往被物欲、财欲、色欲、权势欲等迷住心窍，攫求无已，不知使多少人作茧自缚，忘了善待自己的身心。陶渊明的《归园田居》有句曰："久在樊笼里，复得返自然。"不明白庄子"平易恬淡""少私寡欲"之意的人，可以用陶渊明此诗作注，因为不同时代的两位智者对养生之悟是心有灵犀的。

人一旦戴上了"有才华"和"有能力"的高帽，就想在任何场合证明它，结果弄得自己很疲惫。庄子所说的"能者多劳，智者多忧"，就是这个意思。但也有能超越名利之欲的人，庄子曾讲过孙叔敖这个人，三次做过令尹，而后又被撤职了三次。可是，他上任时看不出高兴，被撤职了也看不出悲伤。这让别人很困惑，问他为什么会这样？孙叔敖说："富贵来了我不能阻挡，富贵去了我也不能阻挡。既然富贵的得失并不在我，我也就没什么高兴或失落的。我只要任意地活在天地之间的快乐，地位的高下有什么关系呢？"假如心为物役，斤斤计较，就只会被悲伤、绝望弄得无法呼吸，人生的道路必定是举步艰难了。

庄子的高明之处在于，他的眼光超越了时代，他的心灵包

容了一个大宇宙，可他却从来不把自己的观点强加于人。他的眼睛好像X光透视机，将这个世界的虚浮都被滤去了，清晰地展示着真实的骨架：王侯将相的华服下面掩盖的是和常人一样的躯体，圣贤经典有时也不过是辞藻的游戏……正因为如此，庄子除了同好友惠施谈话阐述他的思想，从不和别人争论。他不和别人过不去，也不和自己过不去，从不轻易生闲气。在庄子那里，思考本身就是乐趣，就是享受。他的思想高深莫测、踪迹难寻，但同时也如泉水、如清风、如闲云，那么自然、那么流畅。

独脚教授：教育的真谛和魅力

人类的智慧不是天生的，而是需要后天学习和培养的。人类的认知欲望和学习热情是文明的基础，但这种文明需要符合自然规律，才能永葆生命力，而不是在已有认知的束缚下成为一种僵死之物。所以，对于如何教育、启发学生的认知能力，庄子提出了以"道"感召、顺应自然的要求，使真理和智慧不被已有的知识所局限，拥有无限创造发挥的自由。

有智慧的通达者，从不把事物放在既定的意义下认知，而是让心灵驰骋到这个事物的正面、反面、侧面……，把它放在时间和空间中观照，只有这样，才能得出更真切的结论。就像庄子对这个世界的把握一样，在他的笔下，有高寿八百岁的彭祖，也有朝生暮死的小虫；有小小的蚂蚁王国，也有混沌未开的宇宙。庄子的心就像能七十二变的孙悟空，一忽跳到云端俯视人间，一忽变成小虫飞到人的肚子里探个究竟。正因为如此，

庄子才拥有不息的生命力,引无数后学隔着悠悠岁月,与庄子心心相印,这就是庄子"不言之教"的能量吧?

独脚教授轰动鲁国

鲁国的王骀,年轻时犯过法,受刖刑被斩去一只脚,是个独脚人。他以讲学为生,跟他学习的学生已有三千多人,同孔子的学生一样多。

《庄子·德充符》中的这个故事,一开篇似乎是在对儒家宣战——这个王骀身体有残疾,还在鲁国教学,学生人数又和孔子一样多。庄子这个铺垫性描述一下就吸引了人们的眼球,在心里自然就产生了一个疑问:什么人能和孔子相媲美呢?庄子还创造出了一个孔子的学生常季,替我们问了这个问题。

常季听了王骀讲学,心头不服,去请教孔子,说:"那王骀算什么,犯有前科,被斩成独脚,还公然办讲座,同老师抗衡。他站在讲台上,随便聊天,毫无风度;坐在厅堂里,也不讨论,只偶尔插话。奇怪的是听讲者都很虚心,回去还说收获很大,都说是空虚而去满载而归。有人说这种教法是所谓的'不靠言传而靠意会',真有那么一回事吗?这是一个什么样的人呢?"

孔子说:"这位先生是个有大智慧的圣人啊,我只是来不及拜访他罢了,迟早要拜他为师的。至于那些晚生后辈,学养比我浅,内心比我空,不去好好听讲,行吗?岂止鲁国的读书人,我真想率领全天下读书人去听他讲学呢。"

说上述这段话的孔子是庄子虚拟的孔子，其实说话者是庄子本人。庄子用这种强烈的冲击，引起了大家对王骀的巨大好奇心。这位独脚教授的魅力到底来自哪里，能让孔子如此赞叹？

孔子说：只有静止的水，才能使人静止。只有静止的心，才能使众人静止。在王骀看来，天地虽大，只是他的房子罢了；万物虽多，只是他的日用品罢了。对他而言，肉体不过是灵魂的寄放处，五官不过是肉体的装饰品。智慧的烛照下，王骀学养厚积、内心充实，忘怀了世俗的生死观念。所以读书人都朝王骀那边跑，围着他。不是王骀叫他们静止下来的，而是他们在王骀那里找到归宿，不再奔波追求了，才静止下来的。树类唯有松柏，能体现自然正气，冬夏常青；人类唯有尧舜，能体现社会正气，感召百姓。尧舜影响百姓全凭精神感召力，不靠国家下命令。那王老师，"立不教，坐不议"，他能感召读书人，靠的也是充实的内心。

庄子是个有趣的思想家，他的主张明明与儒家相反，却在自己的著作中不断提起一个个儒家人物。尤其是儒家的圣人孔子，整天被他挂在嘴边上，让我们忍俊不禁！儒家讲究"言传身教"，庄子却推崇"不言之教"。庄子自己的学生不多，他却塑造出了一个让著名教育家孔子钦佩不已的人物，这个人物的形象又和孔子恰好完全相反。用孔子的伟大衬托出自己教育理想的高超！让读者通过故事中人物形象间的对比，强烈感受到他所要表达的思想。真是一个既聪明又可爱的创意！

庄子专门写了一篇《德充符》，塑造了王骀等大批形残貌丑之人，这些残疾人都是因道德充溢而魅力非凡，也许是庄子觉得形体的残疾更能突出"德"的意义吧。因为人们在现实生活中往往都关注美而忽略丑，庄子故意用这种特别的方式来颠覆我们的价值观念，刺激我们的思维，破除我们对外在形象的执迷，从而强化对"德"的认识。这个王骀，和我们前面讲过的丑陋无比却魅力无穷的哀骀它，他们身上所体现的"德"的光辉，使人们忘记了他们丑陋甚至残缺的身体。他们周围的人看惯了他们身体的残缺、丑陋之后，反而觉得看其他人的健全身体不顺眼了。这种思想启示我们，育人应以"德"为先，要培养智慧充实、心境祥和的人才。

庄子推崇的"不言之教"对今天的教育一样具有启迪意义。俗话说，"身教胜于言教"。父母是孩子的第一任老师，是孩子日常生活中接触最多的人，父母的一言一行都对孩子产生很大的影响。古代有一个状元的妻子非常重视对儿子的培养，她每天不辞劳苦地劝告儿子要努力读书、要有礼貌、要讲信用、要忠君爱国等。而状元却从不多说什么，只是每天早早离家去上朝，晚上回来就看书。爱儿心切的夫人终于忍不住说："你别只顾你的公事和看书，你也该好好地管教管教你的儿子啊！"这状元眼不离书地说："我时时刻刻都在教育儿子啊！"中央电视台播出的一则公益广告有这样一个镜头：小男孩看到忙碌了一天的妈妈还给姥姥打洗脚水，自己也摇摇晃晃地给妈妈打来洗脚水。这便是育人先育己，每位家长都应该牢牢记住这一点。

现代社会的教育者常常对灌输式教育太过乐观，忽视了每个心灵的自悟。其实，当一个人的心灵处于沉睡状态时，再光辉崇高的言辞也无法打动他。教育的艺术正在于使受教育者内在的崇高人性绽放出光芒，从而对真善美有发自内心的景仰、对假丑恶加以唾弃，并及时调整自己的思想和行动。

吾生也有涯，而知也无涯

"吾生也有涯，而知也无涯"，这句话很多中国人都熟知，在我们上小学的时候，这句话就挂在班级的墙壁上，时刻警醒着我们了。记得小学时老师教导我们说："知识是没有止境的，你们不要骄傲自满，要对知识不懈追求！"如果这番话让庄子听到了，他会是什么表情呢？不置可否，微微一笑吧？因为两千多年来，我们把他说这话的意思完全反过来理解了！庄子的原话是："吾生也有涯，而知也无涯。以有涯随无涯，殆已！"（《庄子·养生主》）人的生命是有限的，而知识与智慧是无限的，以有限的生命去追求没有限度的知识，只会把人弄得疲惫不堪。

黑格尔说："一个志在有大成就的人，他必须知道限制自己。"这个世界上的知识领域是十分宽广的：音乐、数学、物理、化学、计算机、文学、外语……如果有人对这些东西都感兴趣，都想学习，那他穷尽一生也只能学到其中的凤毛麟角而

已。歌德也曾说过:"人的才能最好是得到全面的发展,不过这不是人生来就可以办到的。每个人都要把自己培养成为一种人,然后才能设法去理解人类各种才能的总和。"三百六十行,行行出状元。现代社会的分工早已超出了三千六百行,我们只能专注于某个领域,才能在自己能力范围内取得最大成功。

知识与智慧是无止无尽的,我们无法穷尽,最多也就能窥探到冰山一角。正因如此,个人所拥有的知识也好、智慧也好,都难免有偏见。人生一世,要尽可能学习一些知识和技能,但又要充分认识到知识的无限和个人的渺小;既要专注自己所从事领域内的知识,又要懂得欣赏其他领域的进展不妄自菲薄。

《列子》里面记录了一个"响遏行云"的故事。

薛谭向秦青学习唱歌,还没有完全学到秦青的歌唱技巧,就自以为全学会了,于是辞别老师回家。秦青没有阻止他,而是为他在郊外的大道旁唱歌饯行。秦青打着节拍唱起了一首悲伤的歌,声音振动了树木,连空中的流云都停止不动了。薛谭于是向老师道歉,请求回去跟老师继续学习唱歌。

薛谭向秦青老师学唱歌,还没学到什么就自满起来,以为差不多了。面对辞行的学生,老师什么也没说,而是在饯行的时候在郊外高歌一曲。"响遏行云",这四个字既夸张又浪漫,把秦青的歌唱艺术淋漓尽致地传达了出来。老师的歌声使学生认识到了学无止境,切莫浅尝辄止。

其实,只要真正走到了学与思这条路上,就不能停止前进的脚步。《列子》里还记录了有一天,孔子的学生子贡学习疲倦了，对孔子说想休息一下，孔子却说"生无所息"。这倒与庄子的"吾生也有涯，而知也无涯。以有涯随无涯，殆已"颇为相得。除非生命消失，人生是不能随意止息的。

庄子虽然告诫我们，以有限的生命追求无限的知识是件危险的事，但他并不是要搞"愚民"思想，从他不断赞美技巧高超的工匠和学问丰富的有"道"之人来看，他对知识、技巧是肯定的。他想说的是，面对无穷无尽的知识，看不完的书，学不完的技巧，人要知道适可而止，知道真理的无限无穷。有一位年高德劭的学者对于做学问曾有一句名言："绝不偷懒，但绝不拼命！"庄子听见这话应该点头称是吧！

教育者的困惑

我们都知道孔子是"因材施教"的，对不同的学生，他采用不同的教学方法，切合每个学生的实际情况和性情来教学，常会收到事半功倍的效果。这一点上，庄子与孔子是"英雄所见略同"。《庄子·人间世》讲了这样一个故事：

鲁国的名士颜阖来到卫国游历，卫灵公听说他很有才学，便打算聘请他当太子蒯聩的老师。太子太傅在一般人心目中是个求之不得的职位，但颜阖听说蒯聩非常凶暴，任意杀人，卫国人都对他十分惧怕。对这样的人是否可以教导，他吃不太准，因此去请教卫国的贤人蘧伯玉，说："这个太子，其德天杀。如果放任他而不引导他走正路，他一定会继续残害国人，给国

家带来危难;如果对他严加管束,制止他胡作非为,又会威胁我自身的安全。他的智慧足以了解别人的过失,但不知道自己的错误。像这样的情况,我该怎么办呢?"

蘧伯玉回答说:"你想用自己的才能去教育蒯聩,是很困难的。如果你去当他的老师,应该处处谨慎,不能轻易地去触犯他,否则会惹出杀身之祸。一次我乘马车外出,看到路上有只螳螂,它不顾车轮正在朝它滚去,却奋力举起前臂,想挡住车轮行进。它不知道自己的力量根本不能胜此重任。结果,被车轮碾得粉身碎骨。如果你也不自量力,触犯蒯聩,恐怕也要落个与螳螂当车一样的下场。"

颜阖在不经意间陷入了一个两难的境地:要保全自身,就要放弃一个教育者的责任和良心;要尽职尽责,就随时可能丢掉性命。该如何选择呢?庄子用了"螳臂当车"的比喻来说明,教育者和教育对象之间应该是知己知彼的。作为一个教育者,不要为自己的知识和德行沾沾自喜,以为教育是万能的,就不顾方式和方法。教育者应该时刻记住,教育也要顺应教育对象的天性。

卫灵公太子的智慧足以了解别人的过失,但不知道自己的错误,又很任性,这不正是当今许多孩子身上的特点吗?在传统文化的影响下,老师总有意无意地掩饰自己作为普通人的一面,不愿向学生暴露弱点或不足。其实,老师放下架子,与孩子打成一片,了解孩子们的兴趣所在,不要强迫孩子去学他们毫无兴趣的东西,做他们毫无兴趣的事,寓教于乐,就能获得很好的教学效果。如果不尊重孩子的兴趣，那必然会引起孩子强烈的逆反心理。通晓了这个道理，就能使孩子在快乐中学习。

无论面对大小、多少、美丑，还是生活中的点点滴滴，庄子一直突出的是宇宙的无穷、时间的无涯和个体生命的渺小。他对人世间的思索超越了生死、形体、道德等一切俗世的束缚。他并不是要像后世道教那样化作神仙，而是告诉我们要珍惜生命，不必对人生的细节太过执着，而要重视内心的充实和思想的丰沛，这样才能在物质生命消逝之后，留下精神的火种，启迪后人。

在庄子思想的感召下，我们人生的主题可能会丰富起来：即使粗茶淡饭，也要符合养生之道；即使只穿布衣，也要清洁淡雅；山间的野花，虽不名贵，也一样能装点你的居室。

你认真热情地生活、超拔地思索，生活就会向你张开幸福的怀抱。

第六章 薪火相传：智者的生存之道